# DE CENIZAS A ESPLENDOR

Autores: Keilah Rose Foote Hensley. María Luisa Moreno Gutiérrez. Karla Castañeda Álvarez. María Antonieta Velasco Rangel.
Copyright © 2021 por Keilah Foote para Semilla Comunicaciones A.C.
Cuernavaca, Morelos MÉXICO.

**Semilla de Mostaza Cuernavaca**
Información de Contacto: http://www.semillacuerna.com
(+52) 777-312-11-14 México
infosemillacuerna@gmail.com

**Diseño y Edición:** Keilah Foote
**Asesoría Psicoterapéutica:** María Antonieta Velasco Rangel
**Asesoría legal:** José Miguel Castillo Castilla & Mayra Michelle Castillo Trejo & Micaela Castillo Trejo.

Imagen de uso libre sin pago de derechos de autor de Pixabay por Anke Sundenmeier (Dandelion-5898546_1920)
**ISBN: 978-0-578-31557-7**

# CONTENIDO

EL SANA A LOS QUEBRANTADOS DE CORAZÓN, Y VENDA
SUS HERIDAS.

SALMO 147:3

# CAPITULO *1* Las Heridas

El dolor tiene un efecto extraño en el ser humano. El deseo de escapar del sufrimiento físico y emocional es universal. Al quemarnos el dedo por primera vez, nuestro cerebro crea un registro del dolor al contacto con el fuego para así, identificarlo en el futuro y evitar que experimentemos de nuevo esa sensación desagradable. Incluso cuando la quemadura ha dejado de doler, persiste el recuerdo de aquella experiencia y el temor de volverla a sentir.

Es natural que busquemos evitar el dolor. De hecho, no fuimos creadas para sufrir dolor. Cuando a una persona le duele la cabeza, puede tomar un medicamento, pero ¿qué hace frente a una herida emocional? Esta puede producir un efecto tan fuerte como un dolor físico, y la cura no es tan sencilla como tomarse una pastilla. C.S. Lewis comenta en su libro "El Problema del Dolor"[1]:

*"El dolor mental es menos dramático que el dolor físico, pero es también más común y más difícil de soportar. El intento frecuente de ocultar el dolor mental, aumenta el peso del mismo; es más fácil decir 'me duele una muela' que decir, 'mi corazón está roto'."*

Este manual tiene como propósito ayudarte a sanar las heridas emocionales causadas por:

- La traición
- El abuso de confianza
- La muerte de un ser querido
- El divorcio
- El secuestro

- El abuso físico
- El abuso sexual
- El abuso emocional
- La culpa
- Las amenazas

- El abuso verbal
- El adulterio y la infidelidad
- El rechazo
- La vergüenza
- La violación

No será un proceso fácil. Tendrás que tocar lugares en tu corazón que has olvidado y recuerdos que son dolorosos. El proceso de sanar las heridas requerirá de constancia y esfuerzo de tu parte. Pero al final habrás logrado la libertad y el descanso del dolor emocional.

Utilizaremos 5 herramientas durante este estudio que están basadas en los mandatos y las verdades que enseña la Biblia. Estas te ayudarán a recordar el proceso para sanar:

$^2$Rendir
Mis heridas y amargura a Dios en arrepentimiento.
Efesios 4:31-32

$^3$Perdonar
Perdonar las heridas antiguas y nuevas con la ayuda de Dios.
Colosenses 3:13

Ser libre en verdad
Juan 8:32

1
Reconocer
Lo que hay en mi corazón que pueda contaminarme.
Hebreos 12:15

$^4$Dejar de Recordar
Las heridas que he perdonado y fijar mis ojos en Jesús.
Filipenses 4:8

5
Permanecer
En Cristo y en Su palabra para nunca volver atrás. Juan 15:4

## El Problema de las Heridas Ocultas

Una herida oculta es una herida que no es visible en el exterior de una persona; sin embargo, se puede notar su existencia debido a que produce síntomas muy específicos. Un ejemplo de ello sería un absceso. El absceso es una acumulación de pus dentro del tejido del cuerpo; es una infección dentro del mismo y la única manera de curarlo es drenarlo y tomar antibióticos. Al principio, la persona sólo siente un poco de malestar, pero con el paso del tiempo empeora su condición, experimentando fiebre y calor en la zona de la herida que, en casos extremos, puede conducir a la muerte. Este tipo de herida no se cura por sí sola. Se tiene que tratar.

Al momento de atravesar por un evento emocionalmente fuerte o traumático, el cerebro comienza a "grabar" lo que vemos, y apaga las reacciones emocionales para que podamos reaccionar rápidamente y huir o defendernos. Ese recuerdo vívido lo guarda el cerebro para que lo procesemos posteriormente. Sin embargo, muchas veces el suceso resulta tan difícil que no podemos procesarlo y terminamos por enterrarlo en nuestro corazón o por repasarlo infinitas veces hasta que se infecta. La persona queda paralizada emocionalmente en ciertas áreas, y reacciona excesivamente ante ciertos eventos, lugares, olores, personas, o sonidos detonantes.

Cada persona reacciona de manera distinta ante eventos emocionales dolorosos. Las personas que hayan pasado por un evento traumático leve, como un accidente de auto sin grandes consecuencias, podrán pasar algunas semanas un poco tensos y asustadizos, con ansiedad o irritabilidad al momento de andar nuevamente en un vehículo.

Una persona que haya experimentado un evento más grave podrá pasar por episodios de llanto, enojo, pleitos, angustia y sus síntomas generalmente desaparecerán después de algunos meses. Mientras quien haya vivido un suceso severo podrá experimentar regresiones, insomnio o pesadillas; con el paso del tiempo dejará de padecer reacciones constantes ante los recuerdos del suceso. Sin embargo, si no se tratan las heridas emocionales y se procesa el evento, esta persona corre el riesgo de padecer los mismos síntomas de angustia, tristeza o estrés post-traumático durante años. En casos extremos, las personas pueden llegar a padecer amnesia, o alucinaciones, a realizar actos suicidas, abusar de sustancias, e incluso a cometer actos de violencia.

Tanto el trauma como la amargura de la traición o la tristeza de una gran pérdida provocan un "absceso emocional" que no sanará por sí solo; y si no se trata, llegará a presentar síntomas cada vez más graves. Una persona con una herida emocional no es alguien débil que "no la pudo superar." Es una persona literalmente herida. Una herida profunda en el cuerpo requiere de tratamiento y tiempo para sanar. De la misma manera, una persona con una herida emocional requiere tiempo, atención y cuidados. Sólo Dios puede llegar hasta esos lugares ocultos en donde una vida fue dañada. Jesús sabe: Él fue llamado "varón de dolores, experimentado en quebranto," (Isaías 53:3).

Al trabajar con este estudio, surge un comentario muy común durante la primera sesión: "Pero yo estoy bien, no tengo heridas." Eso es muy bueno, y nos gozamos contigo. Sin embargo, este estudio no sólo trata de sanar heridas ocultas y perdonar lo imperdonable, sino también de aprender a permitir que Dios nos revele la verdad de lo que tenemos en nuestro corazón: una auto-confrontación. Por lo menos una vez al año necesitamos pasar por este proceso de verificar que estemos creciendo en Cristo de manera sana y que, como pámpanos, estemos permaneciendo en Él y Él en nosotros (Juan 15:2, *Todo pámpano que en mí no lleva fruto, lo quitará; y todo aquel que lleva fruto, lo* **limpiará**, *para que lleve más fruto*).

## *Una Evaluación General*

Analiza tu vida, y escribe a continuación qué te duele: lo que ha muerto, lo que te fue robado y lo que destruyeron en tu vida:

**EL LADRÓN NO VIENE SINO PARA HURTAR Y MATAR Y DESTRUIR. JUAN 10:10**

*Me robaron*_____

*Ha muerto en mí* _____

*Destruyeron* _____

El resto del versículo de Juan 10:10 es una promesa: El ladrón no viene sino para hurtar y matar y destruir; **YO HE VENIDO PARA QUE TENGAN VIDA, Y PARA QUE LA TENGAN EN ABUNDANCIA.**

Lo primero que se debe hacer con una herida oculta es sacarla a la luz y desinfectarla. De esta manera comenzamos este estudio. Al reconocer que tenemos heridas, y el daño que nos hacemos al dejar que la infección continúe expandiéndose, iniciamos el camino hacia la sanidad.

El enemigo no quiere que sanes. Quiere mantenerte atada al pasado, a los recuerdos, al enojo y el dolor. Y constantemente te bombardeará con mentiras, para que no creas en el amor de Dios, para que no llegues a comprender la verdad y puedas ser libre por fin del dolor y la tristeza. El primer paso hacia la libertad es ver lo que hay en tu corazón: reconocer qué cosas has guardado y cuáles son las mentiras que has atesorado.

# RECONOCER

## *Los síntomas de una herida oculta*

De la misma forma que una persona puede presentar ciertos síntomas que apuntan hacia una enfermedad, así también el corazón roto, el desánimo, la amargura y el enojo se manifiestan en la manera en que actuamos y cómo nos sentimos. **Marca con un círculo** todos los "síntomas" que actualmente hay en tu vida:

- Ansiedad
- Insomnio
- Enojo
- Me siento abandonada
- Siento que Dios no me ama
- Orgullo
- Estar a la defensiva
- Siento la necesidad de controlar

- Pánico
- Depresión
- Ataques de ira
- Amargura
- Siento que no puedo confiar en nadie
- Autocompasión
- Sentimiento de culpa
- Resentimiento

- Pensamientos suicidas
- Desánimo
- Miedo
- Siento que ya no puedo seguir un día más
- Tristeza
- Me siento sucia
- Duda
- Evito a la gente por temor a ser herida

## *El Mecanismo de Defensa*

Dios nos creó con mecanismos de defensa para ayudarnos a reaccionar rápidamente, refrenando nuestra emoción natural e incluso los pensamientos analíticos. De esta manera, toda nuestra atención podrá concentrarse solamente en dos acciones: escapar o luchar. Pero Él no nos creó para reprimir permanentemente nuestras reacciones emocionales. Debe llegar el tiempo, ya en un lugar seguro, cuando procesemos las emociones provocadas por situaciones de traición, temor o trauma. Dios quiere ayudarte en este proceso; quiere que hables de lo que has vivido con alguien capacitado para escuchar.

Será bueno para ti el poder relatar lo que has vivido a una persona de confianza, que pueda aconsejarte y apoyarte mientras procesas por fin todas las emociones que viviste y que has guardado durante tanto tiempo. Es muy probable, que al momento de retomar recuerdos del pasado que no has procesado, vuelvas a sentir enojo, tristeza, culpa, o miedo. Podría ser difícil hablarlo, y no es obligatorio que lo compartas con todas las personas en tu grupo. Pero si lo puedes soportar, es un gran paso hacia el perdón el que proceses tus emociones relacionadas a ofensas del pasado a lado de a una persona madura en Cristo.

## *Diagnóstico del Dolor*

**Circula lo que aplica en tu caso:**

1. ¿Estás esforzándote por apagar las emociones relacionadas con tu pasado, escondiéndolas o ignorándolas cada vez que surgen?

2. ¿Reaccionas físicamente, apretando la mandíbula, con dolor de estómago o aguantando la respiración cuando se mencionan situaciones o nombres de personas relacionadas con situaciones dolorosas?

3. ¿Te producen recuerdos desagradables los olores, las canciones, ciertos lugares o ciertas frases, o personas?

4. ¿Tienes ataques de ira, angustia o llanto extremo?

5. ¿Evitas formar amistades por temor a ser lastimada?

6. ¿Has utilizado medicamentos ilegales o de prescripción?

7. ¿Has tenido pensamientos de suicidio?

8. ¿Has experimentado regresiones, donde revives el "video" de la situación dolorosa del pasado?

9. ¿Tienes una sensación de vacío enorme o una sensación de pérdida profunda?

10. ¿Te sientes obligada a esconder tu dolor o sufrimiento de ciertas personas en tu vida? O inversamente, ¿sientes la necesidad de contarles a muchas personas de lo que te pasó?

11. Si tienes hijos ¿los ahogas con tu amor y los sobreproteges? O inversamente ¿sientes que eres incapaz de tener una relación tierna con tus hijos?

12. ¿Luchas con trastornos alimenticios, pornografía, adicción a la televisión, al celular, compras excesivas etc.?

13. ¿Tiendes a ver tu vida desde la perspectiva de "antes del suceso" y "después del suceso"?

14. ¿Es más doloroso el recuerdo de lo que te pasó que la experiencia en sí?

15. ¿Has perdido el gozo de servir a Dios y de asistir a la iglesia?

Si marcaste más de uno significa que estás llevando una carga muy grande. Es momento de entregarla a Dios, y caminar con Él porque su yugo es fácil y su carga ligera (Mateo 11:30). ¿Quieres saber el secreto para sanar de cualquier herida? Acércate a Dios, porque Él sana a los quebrantados de corazón (Lucas 4:18).

# DEVOCIONAL DIARIO

La clave para sanar no está en este manual sino en acercarse a Dios, quien sanará toda herida sin importar el tiempo que haya pasado ni la gravedad de la pérdida. Dios hablará a tu corazón cada día a través de la Biblia, hay algo nuevo y específico esperándote cada día. Si alguna vez has sentido que no puedes entender nada de lo que lees, ni sacarle provecho como otros lo hacen, te entendemos y queremos ayudarte. A continuación hay una explicación de varias herramientas y técnicas de estudio muy útiles para profundizar en un pasaje que preparó Christa Foote especialmente para este manual. Lee cada punto con tu grupo y luego utiliza la hoja de apuntes para hacer un pequeño devocional en el Salmo 19, al terminar compartirás con tu grupo:

## *Observar*

- Leer *una primera vez* para conocer el pasaje.
- Leer *una segunda vez* haciendo observaciones y anotaciones utilizando algunas herramientas de ayuda.

### *Palabras que se repiten* (y su contexto)

Cuando leas un pasaje, busca palabras claves (y sus sinónimos) y frases claves. La repetición de palabras y frases te indicará lo que el autor consideraba importante.
Es bueno considerar el contexto alrededor de cada palabra o frase clave.

### *Listas*

Una lista puede encontrarse dentro de un versículo, puede cubrir varios versículos, o estar esparcida a través de un párrafo o de un capítulo. El buscar listas te ayudará a identificar secuencia de ideas y pensamientos progresivos registrados por el autor. Algunas secuencias son simplemente listas. Otras son listas de ideas que cada pensamiento sucesivo depende del que le antecede.

### *Buscar definiciones en un diccionario en español*

## *Meditar*

### *Preguntas*

Hacer preguntas y cuestionamientos sobre la lectura nos ayuda a meditar más a fondo en el pasaje. Algunas preguntas generales:
¿Qué hay en el texto para traer ánimo? ¿Consuelo? ¿Dirección? ¿Instrucción? ¿Exhortación?
¿Hay alguna promesa que puedo apropiar? (¿Tiene condición?)
¿Hay algún mandato que obedecer? ¿Hay alguna advertencia?
¿Hay algún atributo de Dios que es revelado en el texto? (Su gracia, perdón, justicia, misericordia, amor etc.)
Si es un pasaje histórico ¿Qué puedo aprender de la historia? ¿Hay algo que puedo aplicar a mi vida?
¿Qué precepto o enseñanza encuentro en el pasaje?

# ☙ Para Llevar (Aplicación) ☙

## ⚷ Resumen

Escribir en dos o tres frases un resumen de la lectura, enfatizando lo que más te interesó (animó, exhortó, instruyó, consoló etc.)

## ⚷ *Orar* en base a algo de la lectura

*Si te interesa conocer más sobre un tiempo cada día en la palabra ve a: https://www.semillamujeres.net/devocional-1/*

## Hoja de Trabajo Para Hacer Anotaciones

Salmo 19:7-14

7 La ley de Jehová es perfecta, que convierte el alma; El testimonio de Jehová es fiel, que hace sabio al sencillo.

8 Los mandamientos de Jehová son rectos, que alegran el corazón; El precepto de Jehová es puro, que alumbra los ojos.

9 El temor de Jehová es limpio, que permanece para siempre; Los juicios de Jehová son verdad, todos justos.

10 Deseables son más que el oro, y más que mucho oro afinado; Y dulces más que miel, y que la que destila del panal.

11 Tu siervo es además amonestado con ellos; En guardarlos hay grande galardón.

12 ¿Quién podrá entender sus propios errores? Líbrame de los que me son ocultos.

13 Preserva también a tu siervo de las soberbias; Que no se enseñoreen de mí; Entonces seré íntegro, y estaré limpio de gran rebelión.

14 Sean gratos los dichos de mi boca y la meditación de mi corazón delante de ti, Oh Jehová, roca mía, y redentor mío.

En la medida en que la verdad bíblica se haga una realidad en tu vida, experimentarás el consuelo, la paz, el perdón y finalmente, la libertad en la que Dios quiere que vivas. Él anhela para ti una vida abundante y llena de significado, por lo que toma el yelmo de la salvación y la espada del Espíritu que es la Palabra de Dios. (Ef. 6:17).

## En Mi Corazón He Guardado Tus Dichos

Durante este estudio memorizaremos varias verdades de la Biblia que responden a las mentiras que Satanás quiere que creamos. Aunque muchas veces es difícil memorizar un versículo, es la clave para recordar las verdades de Dios en todo momento, y el Espíritu Santo traerá a nuestra memoria las verdades que hemos memorizado. Es recomendable que tengas el versículo anotado en un lugar donde lo veas con frecuencia, por ejemplo en el espejo, la cocina, el auto o el teléfono celular. Si lo repasas diariamente en voz alta o lo escribes, ayudará a que se quede grabado en tu memoria. El primer versículo es:

> Mirad bien, no sea que alguno deje de alcanzar la gracia de Dios; que brotando alguna raíz de amargura, os estorbe, y por ella muchos sean contaminados. **Hebreos 12:15**

A lo largo de este estudio encontrarás historias de personas que han aplicado las verdades de la Biblia a sus heridas y han sido sanados, como los que encontrarás a continuación:

### Historias que dan testimonio de la fidelidad de Dios

*Cuando tenía 3 años fui abandonada por mis padres, y adoptada por una familia amorosa. Sin embargo, siempre me sentía insegura de ser amada en verdad. Tenía 6 años cuando un familiar de ellos abusó de mí, pero nunca le dije nada a nadie. Estas dos grandes heridas paralizaron mi vida. Inicié este discipulado convencida de que la parálisis en mi vida era del dolor de haber sido tan herida.*

*La primera herramienta me llevó a ver lo que verdaderamente había en mi corazón: estaba lleno de resentimiento, autocompasión y MUCHO ENOJO. Mi problema no eran las heridas, sino la forma en que respondí a ellas, las "infecté". Además pude ver que Satanás había plantado la mentira "Todos te van a desechar cuando sepan quién eres realmente," esto sólo trajo a mi vida más combustible para la autocompasión. Fue incómodo ver la verdad porque me hizo responsable, era más cómodo culpar a otros y a las circunstancias; pero finalmente es la verdad la que liberta. Pude comprender que debía ir a Cristo para recibir Su perdón y para perdonar como Él hizo conmigo. Ahora camino libre de todo aquello. Si vuelvo a sentir el temor de ser desechada, o a sentirme desamparada, recuerdo la verdad que Él me enseñó "Lo que estoy sintiendo es mentira, y no dejaré que me conmueva, Dios me ha dicho: 'No te dejaré ni te desampararé' y me anclaré a esta verdad, y no dudaré de Su amor."*

*~Lau S.*

Al comenzar este estudio consideré con gusto que sería otro discipulado más para estudiar la Biblia, pero desde el primer día note que era un estudio diferente y que Dios quería tratar algo conmigo. Pensé "Estoy sanada, he perdonado todo lo necesario, y tengo superada cada situación difícil." Cuando empecé a enlistar cosas difíciles de mi pasado, salieron algunas que ya había identificado y otras que no había reconocido pero que estaban haciéndome daño.

Una fue recordar los abusos físicos y psicológicos en mi niñez por parte de mi padrastro; fue una niñez muy difícil por esta situación. El traer eso arrastrando endureció mi corazón; por nada del mundo permitiría que alguien o algo me hiciera vulnerable otra vez. Aun cuando ya había perdonado a mi padrastro y ya no le guardaba rencor, esas situaciones afectaban mi matrimonio; seguía tratando siempre de "protegerme" y estaba siempre a la defensiva, por lo que reconocí que tenía que rendir esa actitud a Dios y dejar de recordarlo todo por completo; así Dios empezó a restaurar mi matrimonio.

Otra cosa que reconocí, y que también pensé que ya tenía superado, fue la pérdida de mi bebé años atrás. Reconocí que no había superado ese dolor, seguía sin entender "por qué Dios me había hecho eso." Al avanzar en el estudio, Dios me habló y me dio a conocer su propósito: mi bebé fue enviado para que yo conociera el Evangelio, para que yo entregará mi vida a mi Salvador, y la muerte de este bebé fue para gloria de Él, me trajo a los pies de Cristo. Esto me dio paz, e incluso gozo, saber que un ser de tan pocos meses había sido usado por Dios para evangelizarme, ¡Me sentí amada!

Mi manera de ver a Dios fue transformada, fui libre de culpas, de remordimientos, de tristeza, de enojo. Ahora reconozco que mi vida tiene un propósito: negarme a mí misma, cargar mi cruz, y seguir a Cristo. **~Nancy A.**

Cuando me invitaron a tomar este estudio pensé "Creo que he tenido una buena vida," pues no sentía que odiara a alguien, sin embargo, mientras más avanzaba el curso, mayor era mi deseo de desistir, porque implicaba entrar en ese cuarto oscuro de mi corazón que había evitado por mucho tiempo, y sacar cosas desagradables, dolorosas y humillantes. Lo más sorprendente fue darme cuenta de cuánto resentimiento y amargura había almacenado, y el momento cuando ¡pude entregárselo a Dios! fue asombroso e hizo que todo valiera la pena. Ahora camino más liviana pues Él me quito un gran peso de encima y en su lugar me llenó de consuelo. ~ **Ariadna M.**

Cuando escuché de este estudio pensé que no tenía ninguna herida que sanar, aparentemente tenía todo bien, pero al ir avanzando empecé a descubrir una herida invisible: por dentro tenía un absceso de ira y dolor, que no se podía ver por fuera, pero al tocarlo me causaba dolor. Tenía una caja de heridas atesoradas que no quería soltar, ni perdonar. **~Elia P.**

# COMPROMISO CON MIS COMPAÑERAS DEL ESTUDIO.

Este estudio es diferente a los demás porque requiere de un alto nivel de confidencialidad. Lo que compartan de su corazón y su vida los participantes **no** se deberá compartir. Por esta razón los grupos son muy pequeños y selectos para que como cuerpo de Cristo nos ayudemos a sanar, y no provoquemos mayores heridas. A continuación está una lista de promesas que cada persona que tome el estudio deberá comprometerse a cumplir por amor a su prójimo:

- Me comprometo a **amar a mis compañeras**. "Nada de lo que hagas o digas hará que yo deje de amarte." *Y ante todo, tened entre vosotros ferviente amor; porque el amor cubrirá multitud de pecados. 1 Pedro 4:8.*

- Me comprometo **a la confidencialidad**: Me comprometo a no compartir nada de lo que se habló en mi grupo con personas externas (ni siquiera con mi esposo ni mejor amiga), incluyendo los nombres de quienes están en mi grupo. *El que anda en chismes descubre el secreto; mas el de espíritu fiel lo guarda todo. (Proverbios 11:13).*

- Me comprometo **a ser sensible**: A orar por las mujeres de mi grupo en lugar de juzgarlas. No menospreciaré su sufrimiento ni las heriré con mis palabras ni acciones. *Hay hombres cuyas palabras son como golpes de espada; Mas la lengua de los sabios es medicina. Proverbios 12:18.*

- Me comprometo **a rendir cuentas**: Escucharé los consejos de los miembros de mi grupo y demostraré mi compromiso al esforzarme en mi lectura diaria de la Biblia y la tarea semanal. *Donde no hay dirección sabia, caerá el pueblo; mas en la multitud de consejeros hay seguridad.* (Proverbios 11:14)

En el espacio a continuación cada miembro del grupo pondrá sus iniciales.


Fecha: _____

Iniciales de las participantes:

# ❧ PARA EL MATRIMONIO ❧

Hoy como nunca, la familia está siendo terriblemente atacada. En cada matrimonio que se destruye no solo queda herida la pareja, sino que los hijos son fragmentados en su interior y los efectos del divorcio pueden perdurar por generaciones. Este estudio trata acerca de las heridas emocionales y de perdonar lo imperdonable; ciertamente hay un trabajo individual que realizarás mientras llevas el discipulado, pero si estás casada, hay uno más que se tiene que realizar de manera constante, persistente y continua. Dios quiere matrimonios sanos y edificados en Cristo Jesús. Él quiere que seas libre en verdad junto con tu esposo.

A lo largo de este estudio, habrá actividades específicas para mujeres casadas en ciertas secciones después de la página del devocional diario que corresponde a cada capítulo que se enfocan específicamente al matrimonio en el contexto del tema del capítulo que se estudia. Allí encontrarás herramientas útiles y probadas para aplicarlas en tu vida matrimonial. No es una tarea fácil, pero con la ayuda de Dios todo es posible.

## 🗝 Tarea para esta Semana:

- Memorizar Hebreos 12:15
- Hacer el devocional diario que está en la página 14.
- Contestar la tarea del Capítulo 2 de las páginas 16-26.
- Si estás casada, lee la página 15 acerca de las Heridas en el Matrimonio.

## 🕯 *Historias que dan testimonio de la fidelidad de Dios*

*Este discipulado fue un parteaguas en mi vida: yo sufría de trastorno ansioso depresivo y no sabía por qué pues médicamente estaba bien. En este tiempo Dios hizo maravillas, pues me mostró que las cosas que yo había vivido de niña, cómo me habían marcado el abuso sexual y verbal y me empujaron a tener temor de todo, lo que con el paso de los años se convirtió en un mal físico en mí. Dios ha sido muy bueno, porque con los pasos de reconocer, rendir, perdonar, y dejar de recordar, mi vida tomó un rumbo diferente, y por fin sané. ~**Nina R.***

*Aprendí que el perdón es un proceso. Que la forma en que Dios quiere que perdonemos es como él nos perdonó a nosotros, aunque no te pidan perdón. PERO DIOS en su misericordia permitió que cada una de las tres personas que me habían lastimado me pidieran perdón. Fue un proceso de casi un año, en el que aun habiendo terminado el discipulado Dios siguió tratando conmigo para que yo perdonara a quien más me había lastimado. Y al mismo tiempo, Dios estaba tratando con esa persona. Dios ha sanado y cerrado por completo mi herida. Ahora amo profundamente a esa persona ¡y Dios permitió que nos casáramos! ~**Ara Coeli***

## DEVOCIONAL DIARIO Semana 2

El llevar a cabo este estudio sin tener un tiempo diario de lectura bíblica, en el que Dios te hable de manera íntima y personal, *resultará en tiempo perdido*. No habrá gran cambio ni beneficio al llevar este estudio si no estás leyendo tu Biblia diariamente. El leer tu Biblia te llevará a conocer la Verdad… solamente a través de ella serás libre.

1. Elige un libro de la Biblia. Generalmente es una buena idea tomar un libro del Nuevo Testamento si estas empezando por primera vez a hacer la lectura diaria de la Biblia. Inicia un libro y lee diariamente una porción hasta acabarlo.
2. Lee un capítulo de ese libro cada día y apunta lo más interesante que leíste y lo que Dios te habló en ese pasaje.

**Lunes** _____

Pasaje que leí: _____

Lo que Dios me habló: _____

_____

_____

_____

_____

_____

_____

**Martes** _____

Pasaje que leí: _____

Lo que Dios me habló: _____

_____

_____

_____

_____

_____

_____

_____

**Miércoles** _____

Pasaje que leí: _____

Lo que Dios me habló: _____

_____

_____

_____

_____

_____

_____

**Jueves** _____

Pasaje que leí: _____

Lo que Dios me habló: _____

_____

_____

**Viernes** _____

Pasaje que leí: _____

Lo que Dios me habló: _____

_____

_____

_____

_____

_____

_____

**Sábado** _____

Pasaje que leí: _____

Lo que Dios me habló: _____

_____

_____

_____

_____

_____

_____

_____

**Domingo** _____

Pasaje que leí: _____

Lo que Dios me habló: _____

_____

_____

_____

_____

_____

_____

# EN EL MATRIMONIO: LAS HERIDAS

Las heridas que provoca la persona que más amamos, aun cuando profesa amarnos tanto, son de las más dolorosas y amargas. Es más fácil amar a nuestros hijos con amor incondicional que amar así a nuestro esposo.

Al paso de los años acumulamos heridas y temas intocables como pareja. Para que un matrimonio perdure deberá hacer una de dos cosas: enterrar ese dolor y los recuerdos para poder continuar, o abrir las heridas, sanarlas y perdonarlas. La Biblia dice en 1 Juan 4 que Dios es la esencia misma de amor. Si el amor cubre multitud de pecados, debemos tomar de la fuente del amor, de Dios, para abundar en amor y perdonar lo que nos hayan hecho en el pasado.

| ESPOSOS | ESPOSAS |
|---|---|
| 1. Tu esposa es un vaso frágil, ante Dios ella es preciosa, trátala como tal, háblale con ternura. | 1. Tu esposo es tu cabeza, y Dios te bendecirá cuando te sometas a él y encomiendes a Dios el bienestar de tu familia en lugar de buscar controlar a tu pareja, porque él deberá rendir cuentas a Dios de las decisiones que tome. Al momento de tratar un asunto delicado o discutir, ora fervientemente antes de hablar. |
| 2. Al momento de tratar un asunto delicado o discutir, ora fervientemente antes de hablar. | |
| 3. ¿La quieres enamorar? ¿La quieres feliz? Participa en los quehaceres de hogar. Es mejor lavar los platos que llevarle un ramo de flores. Tus acciones pesan más que tus palabras. | |
| 4. Comunica lo que te hiere o te molesta a tiempo, y no esperes hasta explotar. | 2. No seas el Espíritu Santo de tu esposo, ni vigiles sus oraciones ni le regañes si no lee su Biblia. Ora por él, porque tú no lo cambiarás. Dios lo cambiará. |
| 5. Ayúdala con sus pendientes para que tenga más energía y deseo de estar contigo. | |
| 6. Asegúrate de no provocarle dolor en la intimidad, su placer va antes que el tuyo. | 3. Agenda tiempo para estar a solas con tu esposo cada día. Guarda el celular o ponlo en silencio y no permitas distracciones. |
| 7. El hombre es la cabeza. Eso significa que él es el responsable de guiar a sus hijos hacia Dios, y leer la Palabra con ellos. | 4. Comunica lo que necesitas y lo que te molesta sin esperar que él adivine. Hazlo oportunamente para no explotar después. |
| 8. La crianza de los hijos y la disciplina son principalmente la responsabilidad del esposo. La forma en la que buscas a Dios, tratas a tu esposa, y a los que te rodeen será observada por tus hijos, un ejemplo que sentará las bases de cómo criarán a sus hijos en el futuro. | 5. Prioriza a tu esposo por encima de tus hijos. Te quedarás con él el resto de tu vida, mientras que tus hijos los tendrás sólo unas décadas. |
| | 6. Comunica lo que no te gusta o te lastima en la relación íntima, enséñale y tenle paciencia. |
| 9. Involúcrate con tus hijos y no dejes ese trabajo a tu esposa. Juega con ellos, ayúdala a darles de cenar, siéntate a ver sus tareas y ora con ellos antes de dormir. | 7. Demuestra tu amor hablando bien y no mal de él en público, por amor a él no lo exhibas, trata tus quejas con él en privado. |

*Para que un matrimonio funcione no le corresponde a cada quién el 50% del trabajo sino que cada uno busque cubrir el 100%. Medita en lo bueno de tu pareja para fomentar el amor, y no en lo malo.*

*Preguntas para pensar:*

¿Existe algún tema intocable en tu matrimonio? ¿Hay heridas que aún no has logrado perdonar?
¿Has perdido el respeto o el amor hacia tu esposo? ¿Sientes desprecio por él? ¿Te sientes superior a él?
**Es un buen momento para entregarle eso a Dios y pedir que Él empiece a sanarlos**

# *CAPITULO* **2** Reconocer

Oración para esta semana: Dios, ayúdame a RECONOCER la verdad acerca de lo que tengo en mi corazón. *El ánimo del hombre soportará su enfermedad; más ¿quién soportará al ánimo angustiado? Pr. 18:14*

## Toda tu vida Dios te ha perseguido, es tan grande su amor que no te dejará ir, jamás.

Todo te huye, porque tú me huyes.
¡Extraña, fútil cosa, miserable!
dime, ¿cómo podrías ser amada?;
¿no he hecho ya demasiado de tu nada
para hacerte sin mérito, aceptable?
Pizca de barro, ¿acaso tú no sabes
cuán poco amor te cabe?
¿Quién hallarás que te ame? Solamente
yo, que cuanto te pido te he quitado,
para que me lo pidas de prestado
y lo dé misericordiosamente.
Lo que tú crees perdido está en mi casa
levántate, toma mi mano y pasa.
Los Pasos se han quedado junto al vano.
Acaso ¡oh tú, tiniebla que me ofusca
seas sólo la sombra de Su mano!
-"Oh loco, ciego, enfermo que te abrazas,
pues buscas el amor, a mí me buscas,
y lo rechazas cuando me rechazas."
Extracto de Lebrel del Cielo por Francis Thompson¹.

Francis Thompson describe el amor de Dios en su poema El Lebrel del Cielo como una persecución implacable y paciente, cuyo propósito es que el autor (que representa al ser humano) entienda cuán grande es su necesidad de Dios y cuanto Él le ama. Mientras que el ser humano trata de huir, perseguido incansablemente por el Lebrel del Cielo, crece más y más su miedo y el vacío en su interior. Paralelamente a esta persecución divina, Satanás te ha mentido toda tu vida y ha buscado envolverte en sus mentiras para que siempre huyas de Dios.

La primera herramienta que aplicaremos a nuestra vida es **reconocer.** Significa ver la verdad acerca de lo que tenemos en nuestro corazón.

**1.** Busca en un diccionario la definición y algunos sinónimos de la palabra reconocer:

_____

_____

_____

_____

## *Reconocer Lo Que Hay en Mi Corazón*

Una herida infectada no se curará sola, necesita tratamiento para que sane y para evitar que se extienda a otras partes del cuerpo. El versículo de memoria de esta semana, Hebreos 12:15, nos habla de una raíz (invisible, enterrada bajo tierra) que puede contaminar a muchos, a pesar de que nadie la puede ver. Incluso esa raíz puede estorbar el crecimiento de la persona infectada.

**2.** Anota Hebreos 12:15 en el espacio:

_____

_____

_____

## *Una Enfermedad Que Sólo Dios Podría Curar*

En Levítico 13:2-8 se nos relata lo que debía hacer el pueblo de Israel cuando alguien enfermaba de lepra. Primero lo llevaban con el sacerdote para que lo mirara: "...y si pareciere la llaga más profunda que la piel de la carne, llaga de lepra es; y el sacerdote le reconocerá, y le declarará inmundo," (versículo 3). En el caso de que la llaga no fuera claramente de lepra, el sacerdote encerraba a la persona durante catorce días. Si la llaga no se había extendido, la persona no tenía lepra y la declaraban limpia; pero si se extendía la mancha, entonces la persona estaba enferma de lepra y debía apartarse y vivir fuera de la ciudad para evitar que contagiara a más personas.

La lepra es una enfermedad en la que brotan llagas sobre la piel; la persona infectada pierde sensibilidad al calor y al tacto. Esta infección causa ceguera y daño en la piel y los músculos, aunque generalmente no es dolorosa. La raíz de la lepra es una bacteria que crece muy lentamente; una persona infectada mostrará síntomas después de 3 a 5 años de haber sido expuesta al contagio.

La lepra no sólo actúa en un área específica de la piel, sino que se extiende por todo el cuerpo produciendo llagas y ulceraciones extremas y pérdida de funciones y movilidad. En el Antiguo Testamento, era el sacerdote a quien le correspondía distinguir e identificar las heridas, examinándolas cuidadosamente durante un determinado lapso de tiempo para poder dar un diagnóstico seguro en relación a la lepra: "Inmundo o limpio".

Nosotros también tenemos a quién acudir para presentar nuestras heridas, tenemos a un Sumo Sacerdote, Jesús el Hijo de Dios que puede compadecerse de nuestras debilidades (Heb. 4:14-16). Muchas veces no podemos entender la dimensión de la herida, porque una raíz de amargura puede crecer lenta y silenciosamente por largos años y permanecer completamente oculta, manifestándose sólo en síntomas como la inseguridad, la desesperación, la tristeza, el enojo, el temor y los deseos negativos. Por eso el salmista dijo: *"¿Quién puede discernir sus propios errores? Líbrame de los que me son ocultos."* (Salmo 19:12, RVR 1995). Hay cosas en nuestro corazón que nos son ocultas y necesitamos que Dios las revele a través de Su Espíritu y la meditación en su Palabra. ¿Sabes que no está bien tu corazón pero no entiendes por qué, ni sabes cómo sanarlo? Preséntalo a Dios en oración para que Él te muestre las raíces de amargura que han crecido en ti y te están paralizando.

## Historia de un Corazón Restaurado

Toda mi vida cargué una mochila de culpa y mentiras que me pesaba a cada instante de mi vida. Mis padres se divorciaron cuando yo tenía 4 años, y mi madre nos dejó a mi hermano mayor y a mí en casa de mis abuelos, con la intención de que tuviéramos una vida más estable que con ella y la secuencia de parejas que tendría. Como toda historia de amor sin Cristo, las nuevas relaciones amorosas de mi madre no fueron lo que ella esperaba.

Mi abuela tenía un puesto en el mercado de la Ciudad de México y desde los 7 años aprendí a trabajar. Me gustaba tener un poco de dinero para comprar comida para llevar a casa, porque nuestra situación era muy austera. Mis primeros recuerdos son de gran tristeza; me consumían las preguntas dolorosas en torno a mis padres: ¿por qué despreciaba mi papá a mi mamá? ¿Por qué la había golpeado? ¿Qué había pasado? ¿Por qué tenía que sufrir la vergüenza de decir que mis padres estaban divorciados? ¿Por qué no podía tener una familia, como las demás niñas? Pero no encontraba las respuestas y era tan grande mi dolor que tenía el deseo de dejar de vivir. Aunado al gran deseo de poder estar con mis padres, o por lo menos con mi madre, se añadió el dolor del rechazo de otras personas. Era difícil vivir con mis abuelos; mi hermano gozaba de su preferencia por ser muy brillante en la escuela; a diferencia de mí, que no tenía cabeza para estudiar; además de que nadie se sentó a tratar de remediar mis problemas escolares. Mi hermano me apodaba "la tonta." A mi abuela le hacía mucha gracia lo que mi hermano decía y se unía a él en las burlas y el rechazo. Su amor y preferencia por mi hermano eran totalmente marcados, ella compraba carne para mi abuelo y para mi hermano y nosotras comíamos verduras y otras cosas.

Mis heridas y mi enojo se acrecentaban y los expresé en rebeldía en la escuela, y con mis amistades. En casa estaba totalmente subyugada por mi hermano y por mi abuela y esto sólo aumentaba el odio hacia ellos por su maltrato físico y verbal hacía mí. Fue en este tiempo cuando alguien cercano abusó sexualmente de mí. Cuando pasó quedé paralizada, y fue tal el impacto emocional y físico que no pude decirle nada a nadie. El diablo me destruía con mentiras como "Te gustó, por eso no puedes decir nada," y "No vales nada, nadie te va a creer," y otras más que me atormentaron y me persiguieron durante muchos años. La magnitud de mi vergüenza y dolor marcaron el inicio de un camino destructivo por el que transité los siguientes años de mi vida. A los 17 años me gradué de una carrera técnica y fui a trabajar a un banco. Me sentía totalmente vacía, sin propósito, cargando la pesada cadena de esclavitud de mi secreto. Pensé que el amor de un hombre resolvería todos mis problemas, ¡Lo que necesitaba era a alguien que me amara! Muchas veces me atormentaba el hecho de saber que esa persona se daría cuenta de que yo ya no era una chica virgen, y eso me carcomía el alma.

Mientras trabajaba en el banco conocí a un chico que me deslumbró. Yo estaba tan enamorada que pensé que ese era el hombre con el que me casaría y amaría toda la vida. El amor duró hasta que le dije que estaba embarazada, a lo que él me respondió que en sus planes no estaba el matrimonio, ya que tenía muchos planes relacionados con su carrera, pero no deseaba casarse; así que me quedé a los 18 años embarazada y de nuevo sola. Estaba tan deprimida que apenas podía levantarme de la cama para ir a trabajar y era constantemente atormentada por deseos de suicidio. Viajaba en el metro y cada vez que miraba venir el tren sentía un intenso deseo de arrojarme al vacío mientras una voz me decía: "¡Así terminará el dolor!" Me convertí en una sombra que lloraba a toda hora, en el trabajo pasaba de incapacidad en incapacidad y sólo deseaba morirme; fui a varias terapias psicológicas sin ningún resultado, estaba viviendo como una autómata, sin esperanza, sin Dios, sin propósito y vacía, con un profundo dolor, consumida por todas las mentiras de Satanás acerca de mí y en un abismo oscuro y profundo.

Al nacer mi hija despertó en mí el instinto de protección materna y decidí que no permitiría que le pasara lo que a mí. Durante 10 años pase de relación en relación, entre el amor y el desamor y con un vacío que cada vez se volvió más hondo... El corazón se me hizo duro, no tenía relaciones duraderas y las pocas que se prolongaron sólo trajeron más deshonra y degradación. El aborto llegó a mi vida y con este hecho, en mi conciencia sonaba una voz que me decía "¡Eres la asesina de tu propio hijo!" lo hice con la justificación de "no puedo hacer frente a este bebe" y me rendí a este horrible pecado. Yo sabía que estaba mal y no hubo quien me detuviera; fue el día más amargo de mi vida, supe lo que era que las lágrimas que te queman el alma, supe lo que era llorar como nunca lo había hecho, estaba tan arrepentida, y ahora Satanás me atormentaba más que nunca diciendo: "¡Dios nunca te va a perdonar, nunca! ¡Eres despreciable y todo lo que ha pasado en tu vida tú te lo has ganado, tú tienes la culpa de todo y no vales nada!" Una y otra vez pasaba por mi cabeza la película del fracaso de mi vida. Pero yo no acudía por ayuda a un Dios que yo consideraba que era lejano, antes bien comencé a culparlo de todo el fracaso de mi vida. Me refugié en adivinos, brujería y toda clase de falsos ídolos, el alcohol, las fiestas, las malas amistades, todo esto me dejaba más vacía y en una densa oscuridad.

Cuando por fin llegué a tener un trabajo próspero y estable todo se derrumbó por mi ambición y arrogancia, ya que llegué a cometer un fraude, y cuando éste salió a la luz, me despidieron. Me quedé sin trabajo, y nadie quería contratar a una ladrona... Fue entonces que conocí al hombre que sería mi esposo y fue él quien me animó a leer la Biblia.

Por primera vez escuché el evangelio cuando asistimos como pareja a un retiro. Sin embargo, nuestro matrimonio fue un caos, y a los cuatro años de casados estábamos a punto de separarnos. Finalmente, una noche mi esposo clamó a Dios y le entregó su vida. El cambio fue radical al grado que nuestra familia estaba asustada de vernos; nos decían que estábamos locos y que éramos unos fanáticos. Si, estábamos locos por Jesús y mi esposo y yo entendimos que no hay vida fuera de Cristo y que no queríamos regresar al lodo, al fango y al hoyo de donde Él nos extendió la mano para salir. Sólo el amor de Dios derramado en mi corazón hace posible el milagro del perdón. Comprendí que mi vida tenía el propósito de Glorificar el nombre de Dios, que Cristo no nos había salvado a mi esposo y a mí para regresar al mismo camino ni para vivir cómodos en esta vida, entendí que nos estaba llamando a morir a nosotros mismos y a vivir para Él. Y así, veintiún años después, seguimos viviendo para Su gloria. ~ *Rocío Castañeda.*

## Yo me hice a mí misma esclava

**3.** ¿Eres esclava de alguien?_____

> Empieza a odiar a alguien.
>
> En el momento que empieces a odiar, te conviertes en su esclava.
>
> Esa persona controla tus pensamientos y tus sueños.
>
> Absorbe tu creatividad, te quita el hambre y afecta tu digestión
>
> Te roba la paz y no disfrutas tu trabajo
>
> No puedes huir de la persona que odias
>
> La persona que odias está contigo cuando te duermes y cuando te despiertas
>
> Afecta el tono de tu voz cuando hablas con tu esposo e hijos
>
> Te obliga a tomar pastillas para la indigestión o dolor de cabeza
>
> Te roba tiempo y energía
>
> El odio no te permitirá perdonar
>
> El no perdonar te convertirá en esclava.
>
> *Tammy Brown[2]*
> *Healed and Set Free*

**4.** ¿Qué pensamientos están bombardeándote constantemente? ¿Son pensamientos de venganza, odio, traición, culpa, abuso, aborto, pornografía, desórdenes alimenticios, fracasos del pasado, o recuerdos dolorosos? Examina tu corazón, y apunta dónde estás permitiendo que se extienda el veneno de la amargura: _____

## ⚷ *Aplico Mis Herramientas*

## Reconocer

Lo que hay en mi corazón que pueda contaminarme.
Hebreos 12:15

## El veneno de la herida

En el capítulo anterior marcamos algunos de los síntomas de una herida oculta. La amargura es venenosa y contamina todo, por eso, antes de poder perdonar en verdad, necesitamos limpiar las heridas. Debemos tomar un tiempo para sanar. Deja que Dios te diagnostique, te quiere sanar. No desperdicies tu dolor, úsalo para empujarte más profundamente en tu relación con Dios.

En Juan 5:6, Jesús le pregunta al paralítico de Betesda: "¿Quieres ser sano?". Al igual que él, tú misma debes elegir si quieres sanar de tus heridas. Dios no te forzará a hacer nada, tú decides libremente.

**5**. ¿Crees que puedes confiar lo suficientemente en Dios como para entregarle tus heridas? _____

**6**. Apunta en una hoja de papel aparte, la lista de heridas que te causan angustia y enojo y están envenenando tu corazón. Ora y pídele a Dios que te revele si hay una raíz de amargura en ti en cuanto a ciertas personas y situaciones y pídele que te sane.

**7**. Lee Isaías 53:4-5: "Ciertamente llevó él nuestras enfermedades, y sufrió nuestros dolores; y nosotros le tuvimos por azotado, por herido de Dios y abatido. Mas él herido fue por nuestras rebeliones, molido por nuestros pecados; el castigo de nuestra paz fue sobre él, y por su llaga fuimos nosotros curados." **Escribe** los adjetivos que hablan de lo que le pasó a Dios por amor a nosotros: Él llevó, y sufrió, h_____, m_____, c_____. Por su llaga fuimos_____.

### *Pregunta para compartir juntas*

¿Crees que Dios entiende lo que estás sintiendo? ¿Crees que Dios sabe lo que es sentir dolor y pérdida?

### *¿Dónde estaba Dios?*

Ante una tragedia, ésta es la pregunta que la mayoría se plantea. Es una pregunta natural. Es normal no saber qué pensar cuando estás sumido en el dolor. La otra pregunta es ¿por qué le suceden cosas malas a personas buenas? Así comienzan a fluir las mentiras del enemigo: "Dios no te ama. Dios no es bueno. Dios debería arreglar tu problema." Incluso puedes empezar a creer que todo es un castigo de Su parte, lo cual también es una mentira.

En un muro de piedra, en un sótano de Alemania donde se escondieron miles de judíos durante la masacre de los Nazis, está tallada la siguiente inscripción: "Creo en el sol aun cuando no está brillando. Creo en el amor aun cuando no lo puedo sentir. Creo en Dios aun cuando calla."[3] El sufrimiento que vivimos no lo produjo Dios sino la maldad humana. La Biblia dice en Romanos 8:19-23 que la creación misma gime con dolor esperando que sea liberada de la maldad y la muerte a la que está sujeta, y nosotros también gemimos con ella.

No creas las mentiras del enemigo. Es el **ser humano** quien ha rechazado a Dios. Es el ser humano quien dice "No necesito a Dios," y busca un gobierno sin Dios. Dios no es el autor de la maldad, sino la humanidad. Entre más se aleja de Dios, la humanidad se vuelve más atroz. Dios no ha cambiado, Él ha caminado a tu lado durante todas tus experiencias dolorosas y ha llorado contigo en tus pérdidas (Juan 11:35). Él espera pacientemente —sin manipularte—que le ames, sin forzar tu voluntad ni tu libre albedrío; espera hasta que **tú decidas** arrepentirte de tu vida sin Dios y recibir gratuitamente de Él la sanidad.

**8.** ¿Qué mentiras del enemigo has creído? _____

_____

**9.** ¿Hacia dónde vas ahora, huyendo de Dios o corriendo a sus brazos? Explica: _____

_____

*Pregunta para compartir juntas*

Con frecuencia el enemigo busca manipular tus sentimientos. El hecho de que "no sientas" que Dios te ama no lo hace una verdad. Andamos por fe, pero sobre un fundamento firme, que son las verdades acerca de quién es Dios y cuánto nos ama. ¿De qué manera influyen tus sentimientos en tu relación con Dios?

**10.** Sé honesta contigo misma. Reconoce. Marca con un círculo cómo te sientes hacia Dios en este momento:

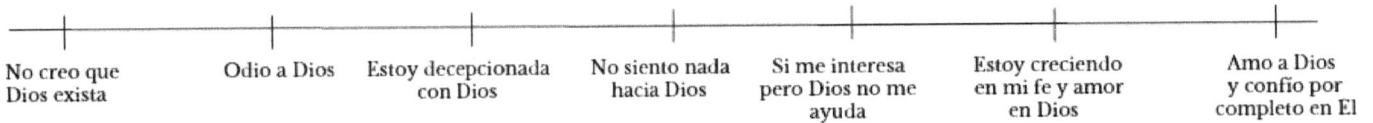

| No creo que Dios existe | Odio a Dios | Estoy decepcionada con Dios | No siento nada hacia Dios | Si me interesa pero Dios no me ayuda | Estoy creciendo en mi fe y amor en Dios | Amo a Dios y confío por completo en El |
|---|---|---|---|---|---|---|

## Los Atributos de Dios

Cuando comienzas a dudar del amor de Dios, necesitas refutar las mentiras con la verdad de la Biblia. La Biblia describe a Dios en gran detalle: une los versículos con los atributos de Dios:

Inmutable. Poderoso. Omnisciente. Omnipresente. Defensor. No Abandona.

| | **Atributo de Dios** |
|---|---|
| Malaquías 3:6 *Porque yo Jehová no cambio.* | |
| Salmo 139:7 *¿A dónde me iré de tu Espíritu? ¿Y a dónde huiré de tu presencia?* | |
| Salmo 34:4 *Busqué a Jehová, y él me oyó, y me libró de todos mis temores.* | |
| Hebreos 4:13 *Y no hay cosa creada que no sea manifiesta en su presencia; antes bien todas las cosas están desnudas y abiertas a los ojos de aquel a quien tenemos que dar cuenta* | |
| Mateo 28:20 *He aquí yo estoy con vosotros todos los días, hasta el fin del mundo.* | |
| Efesios 3:20 *Aquel que es poderoso para hacer todas las cosas mucho más abundantemente de lo que pedimos o entendemos...* | |

**Definiciones**: Omnipresente: está en todo lugar. Inmutable: no cambia. Poderoso: que tiene autoridad y dominio. Omnisciente: todo lo sabe.

**11.** ¿Has pensado alguna vez que Dios realmente no te ama, o ama a otros más que a ti? _____

_____

---

**Repasa el versículo de memoria:**

Mirad_____, no sea que alguno deje de alcanzar la _____ de Dios; que brotando alguna raíz de _____, os estorbe, y por ella muchos sean _____;  Hebreos

---

El amor de Dios no puede ser apreciado cuando estamos pecando, viviendo llenas de rencor, amargura y tristeza. Nuestros corazones se endurecen y NO permitimos que Su amor sea el que nos llene por completo. De hecho, 1 Juan 4:7-8 nos dice que el amor de Dios puede echar fuera el temor (incluso el temor de que Él no nos ama). Dios mismo es la fuente del amor, y nos persigue, inmutable e implacable.  Recuerda el poema El Lebrel del Cielo y corre, pero al encuentro de Dios y recibe de Él Su inagotable amor.

Compara Hebreos 12:15 que estás memorizando en la versión Reina Valera 1960 con la Nueva Traducción Viviente:

*Cuídense unos a otros, para que ninguno de ustedes deje de recibir la gracia de Dios. Tengan cuidado de que no brote ninguna raíz venenosa de amargura, la cual los trastorne a ustedes y envenene a muchos.*

**12.** ¿Qué tipo de raíz de amargura es? _____ y al trastornarte, también _____ a muchos. Por eso nos manda Hebreos 12:15 a _____ unos a otros.

---

**Repasa el versículo de memoria:**

_____ bien, no sea que _____ *(tu nombre)* deje de _____ la _____ de Dios; que _____ alguna raíz de amargura, os _____ y por ella _____ sean _____ ;                    12: .

---

## El Papel de la Víctima

La reacción de cualquier persona ante una injusticia es sentirse herida, fue víctima de algún tipo de mala acción en su contra, y este sentimiento es normal. Pero el vivir en estado de victimismo no debe ser algo permanente. Una vez que hayas reconocido que estás herida, es momento de dejar de ser la víctima.

Tiendes a considerarte la víctima, porque en muchas formas lo eres. Sin embargo, mientras más te consideres una víctima, más tardarás en sanar. Esto significa que permanecerás débil y estancada en un sentimiento de dolor perpetuo. Es momento de sanar.

Una persona que ha vivido una situación terrible debe recibir apoyo y trato especial durante su prueba, porque fue víctima de algo destructor. Al sanar de su herida y perdonar mediante el poder de Dios será una persona más fuerte. Sin embargo, muchas personas prefieren permanecer en el estado de victimismo, prefiriendo la atención de todos a su alrededor en lugar de buscar sanar y salir adelante. El victimismo puede ser adictivo y es una forma de autoengaño. Le confiere a la víctima poder, porque por la herida que carga, se le concede el derecho de quejarse, no se le exige que sea responsable por sus acciones, no se le puede criticar por ser una persona "frágil," y mucha gente se siente obligada a ayudarle y hacer lo que les pide. Una persona que decide vivir como víctima perpetua no desea dejar la atención y el poder que su herida le otorga: El victimismo es una trampa terrible del enemigo.

¿Deseas dejar de ser la víctima? Hay dos cosas que necesitas saber: Dios hará justicia por ti (a Su manera perfecta y no cómo muchas veces lo esperamos los seres humanos); y Dios te sanará de todo el dolor que cargas. Renueva tu entendimiento con la Palabra de Dios cada día para que Él te muestre las mentiras que has elaborado y creído acerca de ti y extraiga el veneno de la amargura. La mejor perspectiva es ver las cosas al pie de la cruz de Cristo.

**13.** Toma este momento para orar y entregarle a Dios tu derecho de ser la víctima e inicia el camino de la sanidad en Cristo: _____

_____

_____

_____

_____

_____

_____

## *Dar Gracias En Todo*

Nunca es aceptable el pecado, ni la violación, ni el asesinato ni la traición. Pero Dios te puede ayudar a reconocer que en medio de todo el dolor hay cosas por las cuales podemos estar agradecidas. Por ejemplo, en la historia de Rocío hay ocho cosas por las que ella está agradecida:

- Estoy agradecida porque en medio de tanto dolor sé que Jesús estuvo ahí cuidando de mí

- Estoy agradecida porque sé que Él tenía un plan y un propósito en cada detalle de mi historia.

- Estoy agradecida porque Dios puso un alto en mi camino y me salió al encuentro cuando yo no lo buscaba.

- Estoy agradecida porque sé que Él permitió dolor en mi historia con un propósito, puedo identificarme, consolar y compartir la única solución real: El Evangelio de Cristo aplicado a problemas de abuso, desintegración familiar, madres solteras, mujeres con experiencias con el aborto y con aquellas que como yo fuimos engañadas por las mentiras de Satanás.

- Estoy agradecida porque la restauración que Cristo ha hecho en mi corazón alcanzo a mis hijas y a mi mamá.

- Estoy agradecida porque me ha permitido vivir y disfrutar 21 años llenos de Su gracia, amor y cuidado.

- Estoy agradecida porque me da la oportunidad de servirle siendo tan indigna.

- Estoy agradecida porque he experimentado el amor de Dios, Su perdón y Su poder en una vida tan degradada que ahora ha sido transformada de Cenizas a Esplendor.

**Filipenses 4:8** nos recuerda que pensemos en: *Todo lo que es verdadero, todo lo honesto, todo lo justo, todo lo puro, todo lo amable, todo lo que es de buen nombre; si hay virtud alguna, si algo digno de alabanza, en esto pensad.* Gran parte de lo que infecta una herida son las mentiras que aceptamos y meditamos, es necesario crear hábitos sanos y contestar cada mentira con la verdad de la Biblia. Comienza con un hábito sano, el agradecimiento, y cambia tus conversaciones mentales:

**14.** Escribe diez cosas **específicas en relación a las *pruebas* que estás viviendo o viviste** por las que estás agradecida:

1._____

2._____

3._____

4._____

5._____

6._____

7._____

8._____

9._____

10._____

### *Pregunta para compartir juntas*

Al concluir este capítulo, comparte con tu grupo: ¿ha cambiado tu perspectiva acerca de Dios?

**15.** Muestra la página de tu devocional diario y comparte algo que Dios te mostró en tu lectura de la Biblia esta semana.

**16.** Recita Hebreos 12:15 de memoria en turno en tu grupo.

### *Historia que da testimonio de la fidelidad de Dios*

*No hay "un hecho" que divida mi vida en antes y después de una herida. Todo inició con mis padres biológicos, (bastarda, abandonada por mi madre) después abusos en la casa adoptiva hasta los 17 años. Burlas, rechazo, aislamiento, soledad. A manera de sobrevivir, escalé del miedo hacia el odio. A todo y a todos. A los hombres por ser abusadores. A las mujeres por no proteger. Incapaz de estructurar amistades. El resultado fue convertirme de víctima en victimaria. Mi búsqueda de afecto fue perversa: anhelando un afecto sincero me volqué en la búsqueda de herir a otros.*
*La amargura que me invadió me llevó a buscar algo diferente. No sabía qué, pero distinto. Ciencia, magia, reiki, filosofía, terapia de grupo o individual. Años buscando. Siguió un proceso de depresión:*

subí de peso, el pelo se hizo estropajo, la piel gris, seca. El carácter amargo. Llegó el momento en que nada tenía sentido y me decidí por el suicidio. Estuve al borde mismo de la muerte.

Hasta que en ese vagar, aparentemente sin rumbo, Jesucristo se muestra a Sí mismo como el Camino, la Verdad y la vida. Crucificado en mi lugar (en un destello pude ver todo el mal que yo había hecho a otros) abría sus brazos para perdonarme. Caminar diferente, poco a poco, me llevó a reconocer que odiaba a mi madre (ella se suicidó cuando tenía yo once años) que odiaba a mi padre (lloré durante muchos años las escenas de un padre que abrazaba a su hija pequeña) y que el pavor de ser herida de nuevo me hacía esconderme de los afectos. Reconocí que la repulsión por los hombres abusadores la había proyectado a los que no tenían ninguna responsabilidad de mi historia. Reconocí que el resentimiento que marcó mi vida como un velo, podía ser justificado (por el daño de otros) pero también podía ser quitado, desechado y sustituido por el perdón a los ofensores. Como quien quita una costra inservible. Así entonces pude perdonar de corazón a los abusadores, a mis padres biológicos por el abandono. Pude pedir perdón a quienes había ofendido.

Hoy entonces ¿Qué? Mi enorme cicatriz informe, como de quemadura, ha ido suavizándose poco a poco, por pura Gracia. Como toda quemadura extensa, ha limitado mis emociones, pero camino aprendiendo a abrir mi corazón a los afectos, resguardándome en el Amor y la Gracia de Dios. Aún hiero, y aún soy herida, pues soy polvo y ceniza y en mi corazón solo se produce el mal. Pero el Espíritu me ayuda a caminar cada día rogando obedecer y seguir los pasos de Dios que Él pone por camino. **~ Lluvia**

Llegué a este discipulado creyendo que todas mis heridas del pasado ya no importaban porque ahora mi camino era con Dios. Pero no me había dado cuenta que tenía heridas que no me dejaban seguir adelante; es decir, evitaba situaciones inconscientemente para evitar el dolor o el recordar. En este tiempo fui confrontada y pude ver a la luz del evangelio que había puesto bajo la alfombra todas mis heridas en una especie de borrón y cuenta nueva, pero Jesús me hizo ver que no es en mis fuerzas y que no había puesto delante de Él todas mis aflicciones. En este tiempo puse todo lo que me dolía a Sus pies, trató conmigo y fueron desapareciendo una por una mis heridas. Le agradezco a Dios por mis hermanas con las que pasé tiempo y orando unas por otras. Estoy agradecida por cómo Dios se muestra en cada detalle de mi vida. **~La V**

## 🗝 Tarea para esta Semana:

- Repasar Hebreos 12:15 y memorizar **Salmo 147:3**
- Continuar el devocional diario Semana 3 en la página 27. Hacer por lo menos 3 días consecutivos.
- Contestar la tarea del Capítulo 3 de las páginas 28-37.

> Él sana a los quebrantados de corazón, y venda sus heridas. Salmo 147:3

## DEVOCIONAL DIARIO Semana 3

Esta semana continuarás con tu lectura diaria de la Biblia. Procura crear una rutina, y sentarte a hacer tu devocional a la misma hora cada día. También puedes escuchar la Biblia en audio en una Aplicación como YouVersion y anotar lo que Dios te mostró. La meta de esta semana es establecer tu rutina y buscar ser consistente y leer la Biblia 3 días consecutivos como mínimo.

1.  Elige un libro de la Biblia. Generalmente es una buena idea tomar un libro de Nuevo Testamento.
2.  Lee un capítulo de ese libro cada día y apunta lo más interesante que leíste y lo que Dios te habló en ese pasaje.

**Lunes** _____

Pasaje que leí: _____

Lo que Dios me habló: _____

_____

_____

_____

_____

_____

_____

**Viernes** _____

Pasaje que leí: _____

Lo que Dios me habló: _____

_____

_____

_____

_____

_____

_____

**Martes** _____

Pasaje que leí: _____

Lo que Dios me habló: _____

_____

_____

_____

_____

_____

_____

**Sábado** _____

Pasaje que leí: _____

Lo que Dios me habló: _____

_____

_____

_____

_____

_____

_____

**Miércoles** _____

Pasaje que leí: _____

Lo que Dios me habló: _____

_____

_____

_____

_____

_____

**Domingo** _____

Pasaje que leí: _____

Lo que Dios me habló: _____

_____

_____

_____

_____

_____

**Jueves** _____

Pasaje que leí: _____

Lo que Dios me habló: _____

_____

_____

# CAPITULO 3 La Ira

Oración para esta semana: Señor, permíteme identificar en mí resentimiento, la auto-justificación y el orgullo y guíame a RENDIR todo argumento que trate de justificar mi pecado de ira. *Examíname, oh Dios, y conoce mi corazón; pruébame y conoce mis pensamientos; y ve si hay en mí camino de perversidad.* Salmo 139: 23

C.S. Lewis dijo que "La ira es el fluido que el amor sangra cuando se corta[1]." No podemos escaparnos de las heridas, es parte de vivir en un mundo caído. El quebranto aumenta; cada año acumulamos heridas nuevas, y si nunca aprendemos a entregarlas a Dios y perdonarlas en verdad, viviremos constantemente supurando enojo y dolor, llenas de amargura. Dios no quiere que vivamos así, y es Su más profundo deseo sanarnos para que experimentemos el milagro del perdón en nuestra vida.

La ira persistente nos dice que algo está mal. Es un sentimiento desagradable que experimentamos cuando nos hieren con las palabras, las acciones o las actitudes; cuando no se ha resuelto nuestro enojo, nos lleva a repasar una y otra vez aquello que nos ha disgustado y esto nos trae amargura, un veneno que endurece el corazón y contamina a muchos (Heb. 12:15). Si no se trata, el enojo aumenta más y más, y aunque lo tratemos de esconder, encontrará maneras de manifestarse. Dios nos creó con la capacidad de experimentar emociones ¡y eso es bueno! Muchas de ellas no son malas en sí mismas, son parte de nuestra naturaleza. El enojo no desaparece por sí sólo, es un síntoma de la herida que tenemos. Si no lo tratamos, buscará manera de revelarse en nuestra vida de una u otra manera.

La Biblia nos habla específicamente acerca de la ira en Efesios 4:20-32, instruyéndonos que cuando nos enojemos no pequemos. Pero la Biblia no nos manda a suprimir o ignorar la ira, Jesús mismo, el Hijo de Dios hecho hombre, que habitó entre nosotros y experimentó las mismas emociones que nosotros, lloró, se conmovió y ciertamente se enojó (Mr. 3:5, Jn. 2:13-17) pero Él jamás pecó porque su enojo fue motivado por la ofensa al Padre. Él se identifica con nosotros y en Él está el poder para cambiarnos, para enseñarnos a expresar nuestro enojo. Al sujetarnos a Su señorío experimentamos Su paz en vez de vivir dominados por las pasiones desordenadas. Lo que aprenderemos en este capítulo es cómo encontrar el motivo profundo del enojo en mí y morir a él.

Herramienta #2:

²Rendir
Mis heridas y amargura a Dios en arrepentimiento. Efesios 4:31-32

¹Reconocer
Lo que hay en mi corazón que pueda contaminarme. Hebreos 12:15

*Aplico Mis Herramientas*

La segunda herramienta que aplicaremos a nuestra vida es **RENDIR**. Significa entregar nuestro dolor, tristeza, enojo y heridas a Dios.

## *Arrancar la Raíz de la Ira*

El soltar la ira es un cambio de estilo de vida. No es una simple decisión no volver a hervir de enojo, sino que se requiere de un proceso de arrepentimiento y cambio de hábitos para desarrollar la virtud que es opuesta a la ira: la templanza. Si una hierba mala crece en el jardín y sólo le cortamos el tallo y las hojas, la planta volverá a brotar, incluso al podarla tomará mayor fuerza y se hará más grande. De la misma manera, debemos arrancar la raíz de la ira, y no simplemente tratar de controlar los aspectos externos de nuestro enojo (como explotar, gritar, azotar puertas, y guardar rencor o resentimiento). La raíz de la ira se arranca cuando reconocemos que pecamos al enojarnos con nuestras reacciones, rendimos todo el enojo ante Dios y le pedimos que nos sane.

Cuando guardamos enojo contra una persona, éste se convierte en una infección en nuestro corazón: en rencor. El Diccionario de la Real Academia Española define el rencor como: resentimiento arraigado y tenaz[2]. El resentimiento es un dolor o pesar que RE-sentimos vez tras vez. Y cada vez que repasamos la herida nuevamente sentimos enojo y dolor. Iniciamos el camino hacia la sanidad al reconocer nuestro dolor, al admitir que hemos sido heridas de manera muy profunda, pero que también hemos lastimado a los que nos rodean. Necesitamos ser honestas con Dios. Por supuesto que al dejar que Su Palabra actúe en nosotros, comienza a librarse una batalla en nuestro interior, somos sometidas a su fuego purificador y probadas en nuestras motivaciones. Dios nos muestra la verdad acerca de lo que hay dentro de nosotras.

Repasa el versículo de memoria:

Él _____ a los quebrantados de _____, y venda sus _____. Salmo 147:_

1. Reconoce: ¿qué heridas hay en tu corazón que al recordarlas aún causan que sientas enojo?

   _____

   _____

2. Toma un momento para rendir en oración las situaciones o personas que aún causan que te enojes y sientas dolor. *Señor te entrego* _____

   _____

## Historia de una Mecha Corta

Al realizar este estudio llegaron a mi memoria recuerdos del pasado. Tengo uno en especial que siempre me avergonzó: En una ocasión mi hermano menor me llevaba en el auto a visitar a unos amigos, yo tenía 18 años y no conocía aún al Señor. En ese momento atravesaba por un dolor muy grande: mi novio había muerto en un accidente. Tenía la costumbre de expresar mi aflicción por medio de arranques de ira. Era algo que había visto en mi padre, que aunque nos amó mucho, fue iracundo y tuvo problemas con el alcohol. Cuando él se enojaba jamás golpeaba físicamente, pero sí con sus miradas y sus palabras nos destruía, y yo, aprendí de él.

Y en esta ocasión no fue diferente: le tocó a mi hermano experimentar mi furia. No recuerdo cual fue el asunto por el que empezó la discusión, pero llegó al punto en el que le dije gritando que detuviera el auto porque me iba a bajar. Cuando vi que él no se iba a detener, abrí la puerta del auto en movimiento, seguí gritándole que se detuviera. Mi hermano detuvo el auto y me miró asustado, como si estuviera loca.

Dentro de mí había un volcán de dolor que con frecuencia se traducía en estallidos de ira. Pasaron los años, pero la tendencia al enojo no se desvaneció y se volvió en mi contra, mezclandose con frustración y desprecio hacia mí misma. Esto me llevó a tener graves desórdenes alimenticios. Continué así durante años, aunque me casé y tuve la bendición de un esposo y unos preciosos hijos; mi dolor continuaba. Después conocí a Cristo y pude tener la bendición y el privilegio de criar a mis hijos en el camino de Dios.

Sin embargo, aunque había conocido a Cristo, no cambiaron mis arranques de ira. Mis hijos decían medio en serio y medio en broma "Mi mamá es de mecha corta." Podía ver temor en sus miradas ante mi enojo, y estallaba en cólera al discutir con mi esposo y gritaba indignada. Aunque habían momentos muy buenos, ellos no sabían cuando iba explotar. Era como andar sobre un campo minado temiéndome y amándome a la vez.

Siempre me sentí avergonzada después de estas reacciones que no sabía controlar; a veces me justificaba, y con frecuencia pedía perdón por ellas. Yo dañaba a quienes más amaba y me amaban y al comportarme así no reflejaba al Dios de mi salvación. Estaba muy afligida, pero no sabía cómo cambiar. Cierto día, amanecí muy enojada y oré "Oh Señor, ino puede ser que esté enojada con todo y con todos! ¿De dónde viene tanto enojo? ¡Ayúdame por favor!" El Señor Jesús habló a mi corazón con gracia pero a la vez con Su Verdad; me llevó a buscar versículos que hablan de la ira y el que más impactó mi corazón fue Proverbios 25:28: *Como ciudad derribada y sin muro, es el hombre cuyo espíritu no tiene rienda.* ¿Había algo que justificara perder los estribos? El Señor Jesús me habló: La ira es pecado. Tomada de Su mano, inicié el camino hacia el dominio propio y hacia el amor de Jesús que nos capacita para cambiar. Llevar este discipulado me ha permitido recordar de dónde me rescató Dios. *~Siempre agradecida, Abi*

## Dios Trabaja Con el Fuego

*Más Él conoce mi camino, me probará y saldré como el oro*, Job 23:10. Investiga de qué maneras se prueba el oro. ¿Por qué es necesario refinar el oro? ¿Cuál es el oro más puro?

**3.** El oro se prueba_____

**4.** El oro se refina porque_____

**5.** El oro más fino es_____

Estás iniciando un proceso que puede ser doloroso pero necesario, porque el Dios de toda gracia y toda consolación anhela que *"salgamos como el oro"* y que toda raíz de amargura sea arrancada de nuestro corazón (Job 23:10).

*Por lo cual, desechando toda inmundicia y abundancia de malicia, recibid con mansedumbre la palabra implantada, la cual puede salvar vuestras almas.*

Santiago 1:21

Por esta razón podemos alegrarnos al saber que Dios está trabajando en nosotras a través de lo que estamos aprendiendo; lo único que nos pide, es disposición de corazón.

> Si se expone el agua al calor y a la acción del fuego, se evapora, si se expone la madera al calor del fuego, se transforma en humo y llamas, y todo lo que queda, son cenizas; el hierro, expuesto al fuego queda convertido en herrumbre inservible. Sin embargo, el fuego puede atacar implacablemente al oro sin quitarle un grado de su brillo, ni un átomo de su peso. ¡Hermoso emblema de los hijos de Dios que tal como el oro no pueden perecer! Sus tribulaciones (y terribles batallas) sólo purifican lo que no se puede destruir, tal como la acción del fuego sobre el metal precioso.[3]
>
> *Thomas Guthrie*

## El Ejemplo Aprendido: Hábitos de Expresión de Ira

Nuestros padres, son, en muchos sentidos, nuestros primeros maestros; tendemos a repetir sus patrones. Es importante entenderlo porque nos ayuda a reconocer de dónde aprendimos nuestra conducta y corregirla. Responde las siguientes preguntas para revelar lo que podrías haber aprendido de tus padres:

6. ¿De qué maneras expresaba tu padre o padrastro su enojo? _____

_____

7. ¿De qué maneras expresaba tu madre o madrastra su enojo? _____
_____

8. ¿Qué emociones sentías cuando estabas cerca de tus padres cuando estaban enojados? _____
_____

9. ¿De qué maneras expresas tu enojo? ¿A cuál de tus padres te pareces?_____

10. ¿El quebrantamiento o la destrucción en tu vida podrán producir una persona enojada o destructiva?_____

Detente un momento y pide a Dios en oración que te ayude a no juzgar a tus padres, a despojarte de los hábitos de expresión de ira que pudieras haber aprendido de ellos, y que en cambio Él te ayude a manejar esta emoción cuando se presente en tu interior.

## Historia de Cómo Dios Me Mostró la Salida

Después de haber sometido a mis pequeños hijos a una vida de maltrato, de haber intentado refrenar mi ira una y otra vez mediante diversos métodos, y de sufrir enormemente por mi incapacidad para controlar mis ataques de cólera, Dios vino en mi auxilio, se inclinó y oyó mi clamor.

Me hablaron acerca de Jesús y le entregué mi vida, reconociéndole como mi Salvador. Empecé a pasar tiempo con Él, a convivir con Él, a conocerlo, y Él empezó a hacer cambios en mí. Durante mi lectura de la Biblia encontré un versículo que me impactó: *El necio da rienda suelta a toda su ira, más el sabio al fin la sosiega* (Prov.29:11). RECONOCÍ que era necia, no porque me enojara, sino porque daba rienda suelta a la ira, y porque no la sosegaba cuando Dios me daba la salida.

Así que empecé a hacerlo, a RENDIR ante Jesús cada ocasión en la que me llenaba de ira y agredía a alguno de mis hijos. Dios derramó Su gracia sobre mí poco a poco, y fue haciendo su obra sanadora. Le entregué mi ira y me rendí. Le pedí perdón a Dios y Él me llevó a pedirles perdón a mis hijos. Le pedí a Dios que Él restaurara sus corazones y sus mentes y lo ha hecho. Ahora sólo recuerdo ese tiempo para consolar a otras personas que pasan por lo mismo y les hablo de la obra sanadora que Jesús puede hacer. ~Ángela, una redimida.

## ¿Controlable o Incontrolable?

El cambio que anhelamos se produce con la oración diaria y el arrepentimiento. Debemos entregarle a Dios en arrepentimiento nuestros arranques de cólera, e incluso nuestras excusas o razones por enojarnos. Arrepentirnos es sentir verdadero pesar por nuestros actos reprobables, lamentándolos de tal modo que no los volvamos a cometer. Un arranque de ira puede convertirse en algo adictivo, porque el cuerpo libera la hormona adrenalina, la misma hormona que se produce cuando nos subimos a una atracción mecánica, o al ver una película de terror o vivir un evento que produce mucha felicidad. ¿Te has vuelto adicta al arranque de cólera? En el momento que sientas subir tu furor, empieza a orar, y entrega a Dios tus deseos de actuar indebidamente, y también tus excusas.

11. **Marca con un círculo** las excusas (mentiras) que has utilizado para justificar la agresión y el pecado de tu ira:

- Estoy muy estresada, por eso soy agresiva y grosera.

- Es que no me entienden, y por eso exploto.

- Estoy muy cansada, por eso actúo así.

- Sólo obedecen cuando les grito.

- Tengo muchos problemas, eso justifica mi agresión e irritabilidad.

- ¡Mira lo que me obligaste a hacer!

- Así me educaron. Así somos los de mi familia.

- Estoy en mis días de menstruación. Es la menopausia

- Es que tú me haces enojar. Los demás tienen la culpa.

- Es que estoy herida. Estoy enferma, y puedo ser así.

- Es que tengo un carácter fuerte, no puedo cambiarlo.

- Están exagerando, no soy tan enojona.

> Si algo que me cae por sorpresa puede lograr que yo responda con una palabra intolerante y sin amor, entonces no conozco nada del amor del Calvario. Una copa llena de agua dulce no puede derramar ni una sola gota de agua amarga, aunque la sacudan de repente[4]. **Amy Carmichael**

### Pregunta para compartir juntas

12. Pide a las personas con quiénes vives o los que te conocen muy bien que te digan cómo es estar cerca de ti cuando estás expresando tu enojo. Escribe lo que te dijeron: _____
_____
_____
_____

13. Después de analizar las maneras en las que expresas tu ira, las excusas que ofreces, y lo que sienten las personas a tu alrededor, contesta la siguiente pregunta: ¿Qué áreas de tu vida reconoces que necesitas rendir en arrepentimiento a Dios para que seas sanada del pecado de la ira?_____
_____
_____
_____

## Del Enojo al Dominio Propio

Con frecuencia los arranques de ira se producen con nuestros seres más cercanos: hijos, esposo, padres, compañeros de trabajo ¡y hasta con el perro! Tristemente es en nuestro hogar donde "nos quitamos la careta" y sentimos que ahí podemos dar rienda suelta al enojo descontrolado. Decimos indignadas: "¡Me hiciste enojar!" y por ello gritamos, azotamos puertas, cosas, platos. En realidad, nadie "nos hace enojar", nadie provoca nuestro enojo; nosotras somos quienes decidimos cómo reaccionar ante aquello que nos disgusta, incluso podemos controlarlo al instante, como por ejemplo, cuando estamos en medio de un ataque de ira y tenemos que contestar una llamada telefónica ¿acaso no cambia instantáneamente el tono de nuestra voz y nuestra actitud?. La otra cara de la ira se expresa al encerrarnos en un silencio hostil y helado que es una actitud igualmente destructiva y no resuelve los conflictos; sólo busca manipular, castigar y producir culpa en aquellos que nos rodean.

> Es el enojo expresado sin dominio propio, una emoción destructiva que lastima a quienes encuentra en el camino.

Jesús nos marca el camino hacia el cambio con Su ejemplo y Sus recursos inagotables; la opción de decidir si aceptamos Su ayuda es nuestra.

**Busca 2 Pedro 1:3-8 en tu Biblia y completa el espacio:**

14. Vosotros también, poniendo _____ _____por esto mismo, añadid a vuestra fe virtud; a la virtud, conocimiento; al conocimiento, _____; al dominio propio, paciencia; a la paciencia, piedad; a la piedad, afecto fraternal; y al afecto fraternal, amor. Porque si estas cosas están en vosotros, y abundan, no os dejarán estar ociosos ni sin fruto en cuanto al conocimiento de nuestro Señor Jesucristo.

15. ¿Qué virtud antecede al dominio propio? _____

## *El Resultado del Arrepentimiento*

Gálatas 5:22-23 habla del fruto del Espíritu. Es fruto que *Dios produce* en nuestra vida cuando estamos buscándole en Su Palabra, y caminando con Él y se manifiesta en nuestra manera de actuar: Amor, gozo, paz, paciencia, benignidad, bondad, fe, mansedumbre, <u>templanza</u>.

## *La Templanza*

El vidrio templado es cuatro veces más resistente que el vidrio normal porque pasa por un proceso especial. Se pasa el vidrio por una banda transportadora a un horno que lo calienta lentamente a temperaturas muy altas, alrededor de 600°C, y luego la banda lo lleva a un cuarto refrigerado donde se enfría rápidamente. Este vidrio es más resistente, y cuando se rompe no se rompe en grandes pedazos filosos, sino que se rompe en trozos pequeños que no son muy afilados. Dios crea la templanza en nosotros mediante el fuego de las pruebas, para que enfrentemos los desastres de la vida sin rompernos en grandes pedazos punzantes, hiriendo y lastimando a los que están a nuestro alrededor.

> **Repasa el versículo de memoria:**
>
> Él sana ___ los _____ ___ corazón y _____ sus _____. S_____ ____:3

## ¿Mecha Corta o Mecha Larga?

16. Subraya lo puntos débiles con los que te identificas.

- Me siento constantemente irritable y de mal humor
- Tiendo a discutir con los demás por cosas sin importancia
- Creo a menudo que soy tratada de manera injusta. Soy la víctima.
- No soporto que me critiquen
- Medito en formas de vengarme con frecuencia

- Los demás ceden ante mis exigencias por temor.
- Justifico constantemente mi enojo
- Pierdo el control ante los errores de otros.
- Tiendo a enojarme cuando estoy cansada
- Pienso con frecuencia que quien tiene la razón soy yo.

## La Verdad que nos Liberta

La ira es un pecado que infecta y que destruye, nos lleva a la amargura. Debemos elegir morir a nuestro yo, a nuestros derechos y a nuestras malas pasiones. Debemos recordar ser honestas con Dios; de esta manera podremos ser usadas para ayudar a otros a conocer al Dios que sana y libera. El dominio propio es un fruto del Espíritu. (2 Pedro 1:3-6).

17. Une los versículos con su fragmento correspondiente (Ve el ejemplo en el número 1).

| | | |
|---|---|---|
| 1. No seas vencido de lo malo | 1e | a) y si usa de violencias, añadirá nuevos males. Prov. 19:19 |
| 2. Deja la ira, y desecha el enojo | | b) y el furioso muchas veces peca. Prov. 29:22 |
| 3. El de grande ira llevará la pena | | c) No te excites en manera alguna a hacer lo malo. Salmo 37:8 |
| 4. Todo hombre sea pronto para oír, tardo para hablar, tardo para airarse | | d) sino de poder, de amor y de dominio propio. 2. Tim. 1:7 |
| 5. Porque no nos ha dado Dios espíritu de cobardía | | e) sino vence con el bien el mal. Rom. 12:21 |
| 6. El hombre iracundo levanta contiendas | | f) porque la ira del hombre no obra la justicia de Dios. Santiago 1:19-20 |

## Preguntas para compartir juntas

18. ¿Hay alguien en tu vida a quien te gustaría ver sufrir como tú has sufrido? ¿O cuando los ves prosperar te produce sentimiento de coraje? ¿A quién o a quiénes?_____

19. ¿Por qué? _____

20. ¿Cómo has respondido ante este enojo? _____

_____

## *Deseos de Venganza*

Dios nos habla específicamente acerca de la venganza en Deuteronomio 32:35, estableciendo que es suya la venganza solamente. Y David en el Salmo 94:1 lo llama "Dios de las venganzas." Fue el mismo David quien decidió no matar a Saúl cuando tuvo oportunidad, sino que declaró a Saúl:

> *Juzgue Jehová entre tú y yo, y véngueme de ti Jehová; pero mi mano no será contra ti. Como dice el proverbio de los antiguos: De los impíos saldrá la impiedad; así que mi mano no será contra ti. ¿Tras quién ha salido el rey de Israel? ¿A quién persigues? ¿A un perro muerto? ¿A una pulga? Jehová, pues, será juez, y él juzgará entre tú y yo. El vea y sustente mi causa, y me defienda de tu mano. 1 Samuel 24:12-15*

¿Confías lo suficiente en Dios para creer que Él hará justicia a Su tiempo, y que tu ira y rencor sólo sirven para añadir veneno a tu dolor? El enemigo está asechándote. Ya conoce tus debilidades. Satanás no perderá tiempo con tus áreas fuertes, él desea destruirte; buscará atacarte donde estás más débil. Su estrategia es esperar pacientemente hasta que estés descuidada para atacarte. No pierdas tu tiempo en la ira, ni te debilites en arranques de cólera: le darás lugar al enemigo (Ef. 4:26-27: *Airaos, pero no pequéis; no se ponga el sol sobre vuestro enojo, ni deis lugar al diablo*). Fortalécete en el Señor para resistir la tentación de dar rienda suelta a tu deseo de venganza y desquite (Efesios 6:10).

## *Aplicación Práctica*

Dice Proverbios 24:17 que no nos alegremos cuando nuestro enemigo tropieza. Y Jesús nos da un mandamiento aún más específico: Amad a vuestros enemigos, bendecid a los que os maldicen, haced bien a los que os aborrecen, y orad por los que os ultrajan y os persiguen. (Mateo 5:44). Jesús nos manda a no sólo evitar alegrarnos cuando le suceden cosas malas a quienes nos han herido, sino vamos un paso más, hacia el amor perfecto, el amor ágape: los bendecimos.

21. ¿Te ha estado hablando Dios acerca de una persona o situación dónde aún no te has despojado de la ira? _____

22. Ora específicamente por las personas que Dios trae a tu mente, todos aquellos que te han herido. Pide que Dios haga llover bendiciones sobre ellos. **Pide por ellos las bendiciones que orarías por ti misma.** Haz una lista de nombres en una hoja aparte y ora por ellos y pide que Dios sane tu enojo y dolor.

| Suelta la ira en arrepentimiento | Ora bendiciones por los que te han herido | Deja que Dios te defienda y haga justicia |
|---|---|---|

23. ¿Te ha estado hablando Dios acerca de una persona a quién debes pedirle perdón por tus reacciones de ira y enojo? Pídele a Dios que te dé dirección, y que prepare su corazón y el tuyo.

24. Muestra a tu grupo la página del Devocional Diario Semana 3, y comparte lo que Dios te mostró en tu lectura diaria de la Biblia. Recita en turno los dos versículos de memoria: Hebreos 12:15 y Salmo 147:3.

## Historia De Una Intervención Sin Anestesia

*"Una operación a corazón abierto,"* así titulé este estudio. Desde el primer día pude desahogar toda la tristeza y amargura que llevé en mi corazón durante años y que nadie conocía a fondo, ni siquiera yo misma. No sabía por qué estaba tan enojada con el mundo y conmigo misma, siempre estallando en cólera ante el más mínimo error. Dañé a muchas personas con mis ataques de rabia, y me arrepiento mucho por ello. Yo sentía que era una mujer muy fea y que nadie podía amarme de verdad. Pero Dios me mostró que todo ello tenía su raíz en mi infancia. Sufrí violencia física, psicológica y emocional por parte de mi mamá y de mi hermano mayor. Llegué a sentir mucho odio hacia ellos. Un día decidí perdonar a mi madre y aunque se lo dije y quería sentirlo, continuábamos con nuestras diferencias. Pasaron muchos años y en junio del 2018 mi mamá fue diagnosticada con Alzhéimer y tuve que empezar a cuidarla. Para entonces yo ya era cristiana y aunque amaba mucho a mi mamá, era muy desesperante cuidarla y a veces le gritaba. Tenía muchos recuerdos aún de cómo me había tratado en el pasado.

Cuando me invitaron a este discipulado me alegré mucho, porque sería un descanso para mí y mi hija cuidaría a mi mama en esas horas. A las 2 semanas de iniciar el estudio, mi hija comenzó un trabajo nuevo y ya no tuve quién cuidara a mi madre. Muy a mi pesar, tuve que llevarla a al estudio, ¡pero todo fue calculado por nuestro Dios! Él me fue llevando a <u>reconocer</u> que tenía que perdonar y pedir perdón. En junio del 2019 le pedí perdón a mi madre de todo corazón y a Dios por haberle guardado rencor durante tanto tiempo. Ella me perdonó y me dijo que me amaba, algo que nunca antes había expresado verbalmente. Un mes después, falleció mi madre, y en su sepelio abracé a mi hermano mayor, a quien yo había perdonado también de todo corazón.

Quiero decir que no ha sido algo fácil, porque como expresé al principio, esto fue una intervención quirúrgica y <u>sin anestesia</u>, dolió mucho y sigue doliendo, pues dañé mi matrimonio y a mis dos hijos. Ya he pedido perdón; pero en medio del dolor, tengo una esperanza viva en Cristo Jesús, que <u>Él</u> hará su perfecta voluntad en mí. Sigo aferrándome a Sus promesas y a creer verdaderamente que soy Hija de Dios, muy amada. Dios usa hasta nuestros errores para hacer algo hermoso. ~**Rose**

## Tarea para esta Semana:

- Repasar Hebreos 12:15 y Salmo 147:3. No hay versículo nuevo esta semana
- Continuar el devocional diario en la página 38. Cada semana hay actividades nuevas en las instrucciones.
- Contestar la tarea del Capítulo 4 de las páginas 39-47.

## DEVOCIONAL DIARIO Semana 4

Esta semana continuarás con tu lectura diaria de la Biblia. Toma el tiempo para meditar el pasaje y busca en otras versiones y traducciones de la Biblia como NTV o Dios Habla Hoy para comparar y profundizar en el pasaje.

Si tu rutina no te está funcionando, ajústala un poco para asegurarte de tener un tiempo sin distracciones para pasar tiempo de calidad con Dios. Puedes poner una alarma en tu celular para no olvidar leer tu Biblia en el horario que elegiste.

**Lunes** _____

Pasaje que leí: _____

Lo que Dios me habló: _____

_____

_____

_____

_____

_____

_____

_____

**Martes** _____

Pasaje que leí: _____

Lo que Dios me habló: _____

_____

_____

_____

_____

_____

_____

_____

**Miércoles** _____

Pasaje que leí: _____

Lo que Dios me habló: _____

_____

_____

_____

_____

_____

_____

**Jueves** _____

Pasaje que leí: _____

Lo que Dios me habló: _____

_____

_____

**Viernes** _____

Pasaje que leí: _____

Lo que Dios me habló: _____

_____

_____

_____

_____

_____

_____

_____

**Sábado** _____

Pasaje que leí: _____

Lo que Dios me habló: _____

_____

_____

_____

_____

_____

_____

_____

**Domingo** _____

Pasaje que leí: _____

Lo que Dios me habló: _____

_____

_____

_____

_____

_____

# *CAPITULO* **4** Perdonar

> Platica con Dios antes de empezar. Pídele que te ayude a RECONOCER, entender su voluntad, RENDIRLE tu vida y PERDONAR. *Y sobre todas estas cosas vestíos de amor, que es el vínculo perfecto.* Colosenses 3:14

Hemos llegado a la pregunta clave de este manual: ¿Cómo perdonar lo imperdonable? La respuesta a esta pregunta es muy sencilla. Tú no puedes. Más bien, el perdón es un milagro que Dios produce en tu corazón.

Muchas personas pasan años tratando de perdonar una gran herida porque no han podido comprender que no es posible perdonar en sus propias fuerzas. El proceso de entregar nuestra voluntad y nuestra herida a Dios y depender de Él es lo que conduce a un corazón que perdona de manera completa y milagrosa. Dios nos manda a perdonar porque la misma falta de perdón provoca un envenenamiento de la herida, y detiene la sanidad que necesitamos.

*Yo os restituiré los años que comió la oruga, el saltón, el revoltón y la langosta, mi gran ejército que envié contra vosotros, (Joel 2:25)*

Dios quiere restaurarte. Cuando no has podido perdonar una herida, es porque la ira, el rencor, la tristeza y el deseo de venganza te consumen. Cada uno de los insectos que menciona este versículo se come una parte distinta de la planta. El saltón chupa la savia de los tallos y las hojas, la oruga se come las partes más tiernas de las hojas, el revoltón penetra las frutas y las arruina de adentro hacia afuera, mientras que la langosta come todo lo que haya quedado de la planta. Por eso este versículo es tan precioso, porque Dios promete restituir los años que han sido comidos, es decir, destruidos ¡no importa cuán difícil parezca! Aun cuando piensas que tu vida ha sido completamente destruida por la ira, el rencor, la tristeza o el deseo de venganza, Dios puede restituirlo al restaurar lo que está roto en tu interior y darle a tu existencia un nuevo propósito.

Repasa el versículo de memoria:

Él sana _____ Salmo 147:3

## Lo Que el Perdón No Es

Muchas personas viven con un concepto equivocado de lo que es el perdón. Es importante que comprendas lo que es y lo que no es el perdón antes de continuar en este proceso de sanar heridas:

**PERDONAR NO ES FINGIR QUE NO ESTÁS HERIDA.**

No es suprimir la herida y "hacerte la fuerte" como si no te hubiera dolido. El perdón no es enterrar la herida en tu corazón y tratar de olvidar lo que pasó. Sé honesta acerca de lo que hay un tu corazón, no pongas excusas ni finjas que lo que te pasó no causó dolor. El aparentar que no pasó nada y el perdonar son dos cosas distintas. Al sufrir una herida, llévala inmediatamente a Dios.

**EL PERDÓN NO ES DAR PERMISO PARA NUEVAS HERIDAS.**

A veces pensamos que perdonar a quien nos hiere repetidamente es lo mismo que decir "borrón y cuenta nueva", o "empezamos desde cero", como si nada hubiera pasado y que la relación volverá espontáneamente al momento anterior al de la herida o la traición. Si una persona te da una bofetada, o te lastima con un comentario hiriente, después te pide perdón y para evitar que ella se sienta mal respondes "no te preocupes," básicamente estás dándole permiso para que te golpee nuevamente o te vuelva a lastimar verbalmente ¡y esto no es perdonar! Tampoco le estás ayudando a asumir su responsabilidad. No debemos excusar o justificar a quien nos lastima con frecuencia, ni darle permiso para repetirlo. La manera apropiada de responder es decir simplemente: "Te perdono" y tomar medidas para evitar que te vuelvan a herir. Esto es establecer límites saludables.

**PERDONAR NO ES VOLVER A CONFIAR.**

El hecho de que hayas perdonado a quien te hirió o traicionó no significa que le otorgas tu completa confianza de nuevo. No te puede decir "Me has perdonado, entonces debes confiar en mí otra vez." El perdón y la confianza son dos temas distintos. La confianza se gana mediante hechos y no palabras. Puedes llegar a perdonar a alguien por completo, pero antes de confiar en ella, la persona que te hirió deberá demostrar con frutos de arrepentimiento que merece tu confianza. No quiere decir que jamás volverás a confiar en alguien que te hirió, pero es importante que entiendas que el perdonar no significa que automáticamente volverás a confiar.

**PERDONAR NO BORRA LO QUE TE HICIERON, NI EXIME DE RESPONSABILIDAD A QUIÉN TE HIRIÓ.**

Muchas veces pensamos que si perdonamos a alguien, ya no tendrá que enfrentar las consecuencias de sus malas acciones. Creemos que al perdonarle "ya sale con la suya" y ya no tendrá que ser responsable por sus actos. Pero olvidamos que Dios tiene el poder absoluto para hacerle rendir cuentas y hacer justicia en nuestro lugar. Entrega tu dolor a Dios, toma la decisión de perdonar y *deja que Él castigue*. A Dios no se le olvidará lo que te hicieron, Su justicia será perfecta y a la medida.

**EL PERDÓN NO ES UN SENTIMIENTO.**

Es un hecho que a nadie que ha sido herido profundamente le nace el deseo de perdonar. Con el paso del tiempo los recuerdos se vuelven menos vívidos y se guardan en el fondo de la mente, y pensamos que ya hemos perdonado. El hecho de que no nos duela todo el tiempo no significa que hayamos perdonado, porque si surge un recuerdo o una situación detonante y nos encontramos nuevamente con esa persona, la herida latente sube nuevamente a la superficie y es incluso más dolorosa. Si alguien piensa, "¡Listo, perdoné, eso no fue tan difícil!" se engaña a sí misma pensando que el perdón lo produjo sin que Dios obrara en ella. En el momento que Dios produce el verdadero perdón hacia alguien, es muy clara la diferencia: le inunda la paz, el gozo y la ausencia de dolor.

## La Falta de Perdón es una Elección

Es muy difícil perdonar cuando la persona que nos lastimó no se ha arrepentido de sus acciones, ni nos ha pedido perdón o sigue hiriéndonos en cada oportunidad que tiene. A veces ponemos condiciones para perdonar (aunque sea de manera inconsciente) porque es más fácil producir el *sentimiento* de perdón si la persona muestra remordimiento o reconoce lo que nos hizo; o imaginamos que si pudiéramos confrontarla y hacerle saber cuánto nos hirió, o vengarnos de alguna manera... entonces podríamos perdonarle. Incluso justificamos nuestro pecado de rencor y los arranques de ira o de ensimismamiento, diciendo que esos pecados son por culpa de la persona que causó la herida original, y no lo podemos controlar porque estamos heridas.

**1.**     ¿Quiénes son las personas que no puedes perdonar y por qué? _____
_____
_____
_____
_____
_____

**2.**     Para cada situación que aplique en tu vida, identifica en tu corazón la *condición para perdonarle* y completa la frase de acuerdo a lo que reconoces que hay en tu corazón:

❖ Perdonaré a la persona que me hirió si _____
❖ Perdonaré a mi madre o madrastra si _____
❖ Perdonaré a mi padre o padrastro si _____
❖ Perdonaré a mi hermano o hermana si _____
❖ Perdonaré a mi esposo si _____
❖ Perdonaré a mi amigo o examigo si _____
❖ Perdonaré a mi ex-novio o ex-novia si_____
❖ Perdonaré a mi patrón o compañero si _____
❖ Perdonaré a la persona de la iglesia si _____
❖ Perdonaré a la persona que me ayudó a pecar si _____
❖ Perdonaré al gobernante u oficial si_____
❖ Perdonaré al agresor o agresora si _____

**EL PERDÓN CONDICIONADO NO ES PERDÓN VERDADERO. LA DECISIÓN DE NO PERDONAR ES PECADO.**

²Rendir

Mis heridas y amargura a Dios en arrepentimiento. Efesios 4:31-32

³Perdonar

Perdonar las heridas antiguas y nuevas con la ayuda de Dios. Colosenses 3:13

1 Reconocer

Lo que hay en mi corazón que pueda contaminarme. Hebreos 12:15

*Aplico Mis Herramientas*

La tercera herramienta que aplicaremos a nuestra vida es **PERDONAR.** Significa que sanemos de nuestras heridas nuevas y antiguas mediante el poder de Dios.

## La Razón para Perdonar lo Imperdonable

Es muy difícil decidir perdonar, porque implica un costo y un dolor muy grande. Es por eso que muchas personas prefieren empujar la herida hasta algún rincón de su memoria: Prefieren sufrir el dolor de la herida en lugar de enfrentar el dolor de perdonar. Desean abrazar su papel de víctima en lugar de glorificar a Cristo mediante el perdón.

La mayor víctima de abuso, traición y pérdida fue Jesús. Y la noche que pasó en Getsemaní en oración, sudando gotas de sangre, muestra la agonía de doblegar Su voluntad. La muestra final del perdón son los clavos y la corona de espinas. Él era la víctima, estaba en su derecho de exigir justicia, y tenía incluso el poder de hacer venganza justa contra sus agresores. Él nunca les había hecho nada, sólo había hecho bien a todos, y lo atacaron en todas las formas posibles. Él sabe lo doloroso que es perdonar: en medio de dolor físico, abandono, cansancio y tristeza, colgado en la cruz, pudo doblegar Su voluntad; y perdonó a todos, sin omitir a ninguno: *"Padre, perdónalos, porque no saben lo que hacen."* (Lucas 23:34). Si alguien sabe cuánto te está costando la decisión de perdonar, es Jesús.

## *Pregunta para compartir juntas*

3.	¿Estás dispuesta a perdonar a quiénes te han herido aunque nunca te pidan perdón ni se arrepientan? ¿Por qué si o no?_____

_____

_____

_____

_____

_____

## ¿Qué Hago si no Quiero Perdonar?

Puedes elegir no perdonar a la persona que te hirió. Te has convertido en su esclava. Puedes decir que has decidido no perdonarle porque lo estás castigando. Te castigas a ti misma. Podrás desear venganza. Pero quien sufre eres tú. El deseo de venganza o de hacer tu propia justicia estorba el perdón, y la falta de perdón produce un efecto físico en ti. El rencor contaminará todo lo que haces y todas tus relaciones. Tal vez no lo veas aún pero los que te rodean sí. ¿Comprendes lo que te estás haciendo?

> "Ser cristiano significa perdonar lo inexcusable, porque Dios ha perdonado lo que hay de inexcusable en ti." ~C.S. Lewis[1]

### Historia que Da Testimonio de la Fidelidad de Dios

¡Nunca lo hubiera imaginado! Los primeros años de mi matrimonio no fueron de ensueño, ya tenían altibajos. Un día que salió mis esposo a un mandado y me quedé sola con mi hija, comencé a sentir algunas molestias y supe que estaba embarazada de nuevo. Cuando regresó le di la buena noticia y él respondió: "Y para colmo, otro hijo". ¿No es un hijo siempre una bendición?

El tiempo pasó y nació mi segundo hijo. Supe al poco tiempo que mi esposo me era infiel y dejó una nota cuando yo estaba fuera de casa diciendo que sabía que no lo perdonaría así que prefería irse. No sé lo que se siente desear la muerte, pero en ese momento creo que algo muy parecido era lo que yo sentía. Oré a Dios por él y después de algunos días volvió a la casa. Me dijo que no sentía paz al dejarnos y que quería una segunda oportunidad. Decidimos dejar que Dios se encargara y vi un cambio en él; volví a creer en él.

Pasaron más años de altibajos, y 20 años después sucedió algo para lo cual no estaba preparada. ¿Cómo puedes prepararte para tu mayor humillación? Llegó el día en donde sentí la mayor burla y traición, viví lo mismo que cuando mi hijo nació, pero mucho peor: ahora la infidelidad no vino con una desconocida sino con una mujer de mi propia familia. La situación escaló hasta tal punto que hubo un embarazo de por medio e incluso un problema legal tan grave que mi esposo tuvo que huir, dejándome con dolor y vergüenza. En ese tiempo yo quería decir tantas cosas, pero Dios me detuvo, y trajo a mí mente el Salmo 46:10 que dice: *Estad quietos, y conoced que yo soy Dios.* Me consoló con Su palabra, me llevó a ver que *el amor cubre multitud de pecados* (1 Pedro 4:8) y que *el odio despierta rencillas; pero el amor cubre todas las faltas.* (Proverbios 10:12).

Dios me consolaba y me confrontaba, me mostraba que el buscar una respuesta y el pensar que lo sucedido era mi culpa por no haber cuidado mi matrimonio sólo me lastimaba más. ¿Por qué debía yo enfrentar todo esto? Dios me recordó que el amor *todo lo sufre, todo lo cree, todo lo espera, y todo lo soporta* (1 Co. 13:7). Sólo el amor de Jesús podría sustentarme en toda esa situación insoportable. Efesios 4:31-32 dice: *Quítense de vosotros toda amargura, enojo, ira, gritería y maledicencia, y toda malicia. Antes sed benignos unos con otros, misericordiosos, perdonándoos unos a otros, como Dios también os perdonó a vosotros en Cristo.*

Dios me mostró que debía perdonar, que así como Dios hizo conmigo, también Él era fiel y justo para transformar a mi marido en un hombre que le tema y le busque.

Cuando comencé este estudio dije: "No sé por qué estoy aquí", pues yo había perdonado y había aprendido a soportar mi dolor. Pero Dios me confrontó, me mostró que estaba tan acostumbrada a vivir con mi dolor que, así como me habían dañado, yo estaba dañando a otros con mi enojo, mi rencor, y mi coraje producido por quienes me habían lastimado. Aún no había perdonado. Pude ver que el amor genuino de Dios es lo único que puede llevarme a pasar por alto las ofensas en verdad. Es Su amor el que me lleva a recordar que Él cura mis heridas y que sólo Su amor puede hacer que deje de guardar rencor, que soporte y no me irrite y pueda creer en el verdadero arrepentimiento.

Aunque las cosas nunca volvieron a ser como antes, estoy convencida de que en Cristo es posible dejar eso atrás, es posible creer que Él restaura mi vida y ahora puedo gozarme pues mi mayor anhelo ya no es un matrimonio, sino una plenitud en Cristo y una vida amando aún a quienes tanto daño me han hecho. Ahora sé que he sido sanada y ya soy libre del rencor, pues he podido perdonar y entregar todo a Dios.

Incluso Dios me ha ayudado a poder ver con aceptación a esa personita. Dios llevó a cabo todo un proceso conmigo, al principio rechazaba a esa criatura, sólo el verle en las reuniones familiares me producía inmenso dolor. Pero Dios, con su gran amor con que me amó me mostró que esa personita no tenía nada que ver con mi problema, pues Dios le formó desde el vientre de su madre y tiene un plan para su vida. Ya no veo al bebé sólo como alguien que comparte el mismo padre con mis hijos, sino que hasta me he encontrado atendiendo y sirviéndole al igual que a su madre. ¡Sólo Dios puede hacer eso posible! Es una muestra de lo real que Él es, pues me examinó y transformó mi corazón haciendo que ya no sienta rechazo ni coraje. Compruebo que puedo amar porque Dios es amor y ese amor lo podemos reflejar en nuestras vidas si rendimos todo a Él y dejamos que nos sane. El amor que tengo no justifica la traición ni es un pase para reanudar una relación, simplemente significa que ya no siento rencor, he sido sanada y pude perdonarles.

Sí, yo era eso; he pecado; he sido desobediente; y guardé rencor. Pero Jesús me salvó y me hizo verdaderamente libre. Y así como hizo conmigo, Dios es fiel y justo para hacerlo con quienes me dañaron. Reconocí mi pecado, pues no estaba perdonando en verdad; rendí mi pecado, pues sólo Jesús puede limpiarlo; y recibí una vida plena, pues ahora soy completamente libre.

He aprendido que Dios me llama a perdonar, así como Él lo ha hecho. Al ver mi corazón, descubrí que había justificado mi propio pecado, pues al no perdonar y guardar rencor hacia quienes me dañaron, me hacía igual a ellos. Dios me ha llevado a reconocer mi pecado, a perdonar, a dejar de recordar las ofensas y a entregar todo a Él.

*Abigail M.*

> "Para que haya perdón, alguien tiene que morir. Así como Cristo, sólo perdurará quien muere a su propia voluntad." ~*Christa Foote*[2]

Repasa el versículo de memoria:

Él sana _____ Salmo 147:3

## *El Perdón como un Acto de la Voluntad*

Recuerda los nombres de aquellas personas que te han herido, que han dejado un saldo en contra en tu deuda. Si quieres, puedes hacer una lista de todas las cosas que te han hecho, pequeñas y grandes. Haz una pronunciación de perdón para cada persona como un acto de tu voluntad. Aunque emocionalmente no lo "sientas," es un acto poderoso de obediencia. Tu oración podría ser algo parecido a esto:

*Señor Jesús, como un acto de obediencia yo elijo perdonar a _____.*
*No lo quiero hacer, pero Te amo, y sé que Tú me amas, y quiero obedecerte.*
*Así que hoy libero a _____ de mi juicio.*
*Perdóname por las maneras en que he estorbado Tu obra en mí y en él/ella por mi falta de perdón.*
*Ahora me hago a un lado para que se haga Tu voluntad para _____ y para mí.*

(Oración tomada del manual Puentes Hacia la Sanidad[3]).

El perdón no es un gran evento notable, es un momento privado entre tú y Dios cuando le entregas tu voluntad y esperas que Él obre el milagro del perdón en tu corazón. Cuando alguien más te perdona algo terrible, de inmediato te sientes inundada de descanso, paz y gozo. Este mismo descanso, paz y gozo que provienen del Espíritu Santo inundarán toda tu alma cuando tú perdonas a los que te hirieron.

○—►Entrega tu falta de perdón a Dios en arrepentimiento.

○—►Decide perdonar. Pídele a Dios que haga la obra en ti.

○—►Deja que Dios produzca el perdón en tu corazón

4. Escribe tu oración a Dios, entregándole todo y pidiendo que produzca el milagro del perdón en tu vida:

_____
_____
_____
_____
_____
_____
_____
_____

## *Rejas en lugar de Muros*

Las relaciones más complicadas son las que existen entre familiares ya que estas son permanentes. Pero ¿Cómo se sana una relación permanente que ha sido fracturada? Los familiares tienen una cercanía constante y un nivel de confianza y conocimiento de situaciones personales mucho mayor al que se tiene con amistades y conocidos.

Estas relaciones se restauran de la misma manera que cualquier otra relación que requiere del perdón y al igual que en cualquier situación de heridas, se requiere aplicar una distancia sana. En lugar de crear muros y cerrar todo contacto con un familiar ofensor ( lo que puede causar una fractura mayor entre los familiares) se crean "rejas."

Una reja permite que dos personas se vean y que haya cierta comunicación, pero marca una distancia muy clara y permite que la persona herida se aparte más o "abra la reja" y permita un acercamiento, de acuerdo a las acciones del familiar. Una reja permite reconstruir una relación rota e incluso construir una relación nueva y sana, basada en el respeto. Los puntos acerca del perdón en la página 38 tambien aplican en las relaciones permanentes, pero nunca se debe crear una reja con el esposo, ya que son una misma carne, Mateo 19:6. La confianza se construye en base a acciones visibles y las rejas ayudan a que no te vuelvan a herir. Al perdonar a la persona, se caen los muros y comienza a crearse una relación nueva con ella mediante el perdón y las rejas.

Necesitas tomar este proceso en serio: Crea tu plan de acción de antemano para que en el momento en que te encuentres con la persona implicada estés preparada para actuar en amor. Haz tu devocional, memoriza versículos y permanece en oración antes, durante y después de tu trato con esta persona. Estas acciones te prepararán y fortalecerán para ello.

> No puedes forzar una reconciliación. Recuerda que Dios también está trabajando en la otra persona, y no sólo en ti. Haz lo que Él te ha mandado a hacer, ora por la otra persona y espera que Dios obre en ella. Dios no se tarda, como a veces parece, sino está haciendo Su obra pacientemente para que ninguno se pierda (2 Pedro 3:9).

## *El Proceso del Perdón*

El milagro del perdón sucede cuando entregamos nuestra voluntad a Dios y pedimos que Él haga lo que nosotros no podemos. Cuando hay heridas muy grandes en el cuerpo requieren de tiempo para sanar, y requieren de desinfección, reposo y cuidados especiales. Así también, las grandes heridas del alma requieren tiempo para sanar, y necesitan lavamiento con la Palabra de Dios, reposo en Él y cuidados especiales. No debes de omitir esta parte del proceso.

Durante la próxima semana continuarás trabajando en el tema de perdonar. Es muy probable que recuerdes detalles o sucesos adicionales en relación a los eventos que produjeron tus heridas. En parte esto se debe a que estás meditando más en estos eventos, y en parte es porque Dios quiere sanar cada rincón de tu corazón, y traerá a tu mente detalles y recuerdos que necesitas reconocer y rendir ante Él para poder perdonar. Es un proceso prolongado porque, como seres humanos, tendemos a aferrarnos a cada herida en lugar de entregársela a Dios. Aférrate estrechamente a Jesús.

---

**Repasa el versículo de memoria:**

Mirad bien, no sea _____

_____

_____Hebreos 12:15

---

**5.** Muestra tu página de devocional diario de la Semana 4, y comparte cómo has crecido en el tiempo de lectura diario con Dios.

**6.** Recita de memoria los dos versículos que te has aprendido durante las últimas semanas. No olvides decir las citas correctamente.

**Tarea para esta Semana:**

- Repasar Hebreos 12:15 y Salmo 147:3. Memorizar Colosenses 3:13
- Continuar el devocional diario en la página 48. Esta semana usarás un comentario Bíblico para profundizar en los pasajes que leas.
- Contestar la tarea del Capítulo 5 de las páginas 49-59.

---

Soportándoos unos a otros, y perdonándoos unos a otros si alguno tuviere queja contra otro. De la manera que Cristo os perdonó, así también hacedlo vosotros. **Colosenses 3:13**

## DEVOCIONAL DIARIO Semana 5

Esta semana continuarás con tu lectura diaria de la Biblia. Tu meta es leer cada día sin perder ni uno sólo. Si hay un día en el que sabes que siempre se te olvida (como los fines de semana) programa una alarma en tu celular para ayudarte a recordarlo. Puedes utilizar un comentario como el de David Guzik de Blue Letter Bible en español para profundizar en pasajes que no entiendes: https://www.blueletterbible.org/commentaries/guzik_david/spanish/

Sólo es importante que recuerdes que leer un comentario Bíblico no es lo mismo que hacer tu devocional al meditar en el pasaje de la Biblia y recibir lo que Dios tiene preparado para tu corazón de manera personalizada cada día.

**Lunes** _____

Pasaje que leí: _____

Lo que Dios me habló: _____

_____

_____

_____

_____

_____

_____

_____

**Martes** _____

Pasaje que leí: _____

Lo que Dios me habló: _____

_____

_____

_____

_____

_____

_____

**Miércoles** _____

Pasaje que leí: _____

Lo que Dios me habló: _____

_____

_____

_____

_____

_____

**Jueves** _____

Pasaje que leí: _____

Lo que Dios me habló: _____

_____

_____

**Viernes** _____

Pasaje que leí: _____

Lo que Dios me habló: _____

_____

_____

_____

_____

_____

_____

_____

**Sábado** _____

Pasaje que leí: _____

Lo que Dios me habló: _____

_____

_____

_____

_____

_____

_____

**Domingo** _____

Pasaje que leí: _____

Lo que Dios me habló: _____

_____

_____

_____

_____

# *CAPITULO* 5 El Milagro del Perdón

Oración de la semana: Pídele a Dios que obre el milagro del perdón en tu corazón, en cada recuerdo y cada detalle. *Y nosotros hemos conocido y creído el amor que Dios tiene para con nosotros. Dios es amor, y el que permanece en amor, permanece en Dios y Dios en él.* 1 Juan 4:16.

El perdón es un asunto serio. En ningún momento deberíamos pensar que es un acto ligero y fácil. Al contrario, es un proceso laborioso donde entregamos cada recuerdo y herida dolorosa a Dios, y decidimos dejar que Él nos sane y produzca en nuestro corazón el perdón hacía quiénes nos hirieron. De hecho, el Enemigo busca estorbar el proceso lo más que pueda, porque su única intención es destruirnos.

Durante este estudio has estado meditando en heridas antiguas y nuevas, y el proceso ha sido doloroso. Es en este punto donde muchas personas deciden que ya no pueden soportar el proceso y dejan el estudio. ¿Sabes por qué? Es porque no han estado leyendo la Biblia de manera intencional para obtener de parte de Dios el consuelo y la fortaleza que necesitan. Este estudio no es más que un manual de preguntas para llevarte a encontrar en Dios la sanidad que necesitas, pero si omites la parte más importante del proceso estás desperdiciando tu tiempo y tu dolor. No desperdicies tu dolor, úsalo para empujarte hacia Dios. Él se manifiesta en tu lectura diaria de la Biblia, y habla a tu corazón durante tus oraciones.

## *La Intención de Satanás: Destruirnos*

No por nada es llamado *padre de mentira,* (Juan 8:44) porque es maestro de las mentiras sutiles que parecen ser lógicas, que tuercen la verdad con el fin de alejarte de Dios. De seguro ya conoces algunas de ellas, pero la principal de todas es "¿En verdad Dios me ama?" Esta mentira en ocasiones también se presenta como: "Dios está lejos y no me escucha". Toda mentira se debe de confrontar con la luz de la verdad: La Biblia.

> Las mentiras de este mundo son tan difíciles de percibir que si Dios no nos las revela, no somos capaces de verlas. ~Kay Smith[1]

## El Primer Paso: Reconocer las Mentiras

Mateo capítulo 4 nos narra cómo el diablo tentó a Jesús. Satanás le retaba con una mentira, y Jesús le respondía con la verdad: citando lo que estaba escrito en la Palabra de Dios. Nosotros también debemos de responder a las mentiras no sólo diciendo "Eso es una mentira," sino citando la verdad. Ora, y pídele a Dios que te revele las mentiras que no puedes ver.

**Une la mentira con la verdad que la derriba:**

| | |
|---|---|
| **1.** *Dios no me ama* | **A.** Cercano está Jehová a los quebrantados de corazón. Salmo 34:18 |
| **2.** *Dios no es bueno* | **B.** Nos salvó, no por obras de justicia que nosotros hubiéramos hecho, sino por su misericordia. Tito 3:5 |
| **3.** *Dios quiere que yo me gane Su amor* | **C.** (*Jesús*) Despreciado y desechado entre los hombres, varón de dolores, experimentado en quebranto. Isaías 53:3 |
| **4.** *Dios no me ha perdonado* | **D.** Mía es la venganza y la retribución; A su tiempo su pie resbalará, Porque el día de su aflicción está cercano, Y lo que les está preparado se apresura. Deut. 32:35 |
| **5.** *Dios no puede entender lo que siento* | **E.** Más Dios muestra su amor para con nosotros en que siendo aún pecadores Cristo murió por nosotros. Rom. 5:8 |
| **6.** *Dios está lejos* | **F.** Pedid, y se os dará; buscad, y hallaréis; llamad, y se os abrirá. Mateo 7:7 |
| **7.** *Dios no me escucha* | **G.** Si confesamos nuestros pecados, él es fiel y justo para perdonar nuestros pecados, y limpiarnos de toda maldad. 1 Juan 1:9 |
| **8.** *Dios no hará justicia* | **H.** Jehová es bueno, fortaleza en el día de la angustia; y conoce a los que en él confían. Nahúm 1:7 |

**9.** ¿Estás firmemente convencida de que Dios te ama y sabe lo que necesitas? _____

Si no estás convencida, detente: y pídele en oración que se revele a ti y te muestre cuánto te ama. Escribe tu oración aquí: _____

_____

_____

_____

**Lee los siguientes versículos y apunta las características del diablo:**

*¡Estén alerta! Cuídense de su gran enemigo, el diablo, porque anda al acecho como un león rugiente, buscando a quién devorar. 1 Pedro 5:8*

*Cuando habla mentira, de suyo habla; porque es mentiroso, y padre de mentira. Juan 8:44 (NTV)*

*El ladrón no viene sino para hurtar y matar y destruir; yo he venido para que tengan vida, y para que la tengan en abundancia. Juan 10:10.*

**10.** El diablo _____ 1 Pedro 5:8.
**11.** El diablo _____ Juan 8:44.
**12.** El diablo _____ Juan 10:10.

En base a estos versículos, vuelve a analizar si alguna área de tu vida está bajo ataque del enemigo; podría ser que hoy estas creyendo una mentira de Satanás:

**13.** ¿Qué quiere Satanás robar? _____
**14.** ¿Qué quiere Satanás matar en tu vida? _____
**15.** ¿Qué quiere Satanás destruir? _____

## *Un parche para mis heridas*

Cuando sufrimos una gran herida solemos aislarnos de todo lo que nos pueda causar más dolor. La idea del perdón no suele estar en nuestras prioridades. Con frecuencia tendemos a buscar una solución rápida para que ya no nos duela. Como ya hemos visto, la manera sana de tratar las heridas del alma es con el consuelo y la fortaleza de la Palabra de Dios. Pero ¿qué sucede cuando no identificamos las mentiras del diablo? No siempre estamos lo suficientemente alerta para que se hagan evidentes sus engaños y optamos por poner parches de diversa índole, anhelando continuar con nuestra vida como si no hubiera pasado nada, en lugar de acudir cada vez a buscar la verdad en la Palabra de Dios.

**16.** Reconoce las actitudes o acciones a las que has recurrido para cubrir tus heridas sin curarlas y entrega cada una de ellas a Dios en oración.

- Negar el dolor, enterrándolo sin admitirlo.
- Evadir sentimientos y pensamientos con "distractores" (Las redes sociales, las series o películas, la comida, las compras, el celular, las sustancias adictivas, los antidepresivos, etc.).
- Autocastigo, negarse gustos o descanso. Aislarte.
- Enojo constante y trato frío o áspero hacia los demás.
- Culpar a otros constantemente e imaginar formas de venganza.
- Actitud ensimismada, envolverte en el trabajo. Estar siempre ocupada, pero sin gozo.
- Deseos de morir, considerar la posibilidad del suicidio.

*\*El deseo de morir, muchas veces es porque la persona desea dejar de sentir el dolor emocional de su situación, y la raíz de este deseo también está basada en una mentira.*

> Abrir una herida vieja, y no estar dispuesta a entregarla a Dios, resultará peor que nunca haberla abierto. ~Tere Orozco[2]

## Lo que el enemigo ya sabe de ti

El tratar de curar las heridas por nuestra cuenta sólo nos lleva a infectarlas. Satanás conoce tus debilidades, por eso necesitas conocerlas tú también. ¿Conoces tus flaquezas, miedos, inseguridades y luchas? ¿Qué es lo que has estado buscando? ¿Qué es lo que esperas? Analiza tu vida y **reconoce** lo que el enemigo ya sabe de ti y que tal vez no has visto aún:

**17.** ¿Cuáles son tus miedos e inseguridades? _____

_____

**18.** ¿Cuándo y por qué te pones triste, o caes en depresión? _____

_____

**19.** ¿De qué manera y por qué estallas en ira o guardas rencor? _____

_____

**20.** ¿Cuáles son tus luchas, o tentaciones, las cosas que deseas dejar de hacer y no puedes? _____

_____

## Perdonar cada nuevo detalle

El perdón no es un acto único sino que implica el proceso de llevar cada recuerdo doloroso y cada acción injusta a los pies de Jesús. Una gran herida tiene muchas capas de recuerdos, y es importante que las enfrentes cuando surjan y las perdones intencionalmente en lugar de ignorarlas o actuar como si no dolieran. Cada vez que llegue a tu mente el recuerdo de una herida del pasado, cualquier detalle, ríndelo a Dios en oración y elige perdonar en ese instante. Cada imagen, cada frase, cada acto inaceptable... entrégalo todo a Él.

## Cristo es Suficiente

Si estamos llenas de Cristo, plenas en Él, no hay lugar para la amargura ni el dolor. 1 Juan 1:16 nos dice que las que hemos creído en Jesús hemos recibido la plenitud de Él. En Cristo podemos estar completas, con simplemente conocer Su amor (Ef. 3:19, Col. 2:10). El problema del perdón lo resume John Piper de esta manera:

*¿Será suficiente para nosotros que Dios conozca nuestra tristeza, que Dios conozca nuestro dolor, que Dios conozca nuestra desilusión, nuestra frustración? ¿Podremos entregar nuestra causa completamente a Dios? ¿Podremos proseguir de ese momento en adelante tratando a otros mejor de cómo nos tratan, aún si significa que sólo Dios sabe y nadie más? Así de real se ha vuelto Dios para nosotros.[3]*

### Repasa el versículo de memoria:

_____ unos a otros, y _____ unos a otros si _____ tuviere _____ contra _____. Colosenses _____:____

## El Perdón Como Estilo de Vida

El momento de perdonarle a alguien lo imperdonable es algo glorioso. Nos inunda la paz, y sentimos que por fin podemos respirar sin dolor. Valió la pena toda la oración y la aflicción de entregar cada recuerdo doblegando nuestra voluntad

El perdón es un estilo de vida. Ante cada nueva herida, seguimos el mismo procedimiento de escudriñar nuestro corazón, aferrarnos a Dios y no a la herida y perdonar. En el Capítulo 4, vimos lo que es y no es el perdón, sin embargo, al momento de cerrar este manual no terminará el proceso; con la práctica constante aprendemos a soportarnos mutuamente y perdonarnos mutuamente (Col. 3:13) porque ya sabemos qué tan peligroso es permitir que la amargura y el rencor envenenen nuestro corazón.

## La Armadura de Dios

*Someteos, pues, a Dios; resistid al diablo, y huirá de vosotros. Santiago 4:7*

**21.** ¿Según el texto anterior cómo vamos a resistir al diablo? _____

*Por lo tanto, pónganse todas las piezas de la armadura de Dios para poder resistir al enemigo en el tiempo del mal. Así, después de la batalla, todavía seguirán de pie, firmes. Defiendan su posición, poniéndose el cinturón de la verdad y la coraza de la justicia de Dios… Además de todo eso, levanten el escudo de la fe para detener las flechas encendidas del diablo. Pónganse la salvación como casco y tomen la espada del Espíritu, la cual es la palabra de Dios.*
*Efesios 6:13-17 (NTV)*

## Los Utensilios de Uso Diario

Así como siempre cargamos con nuestras llaves, el celular, la cartera y los lentes, necesitamos portar todos los días la armadura de Dios: la verdad, la justicia de Dios, la fe, la salvación y la espada del Espíritu (la Palabra de Dios).

**22.** ¿Por qué crees que Dios nos manda a vestirnos con estos recursos espirituales para poder resistir al enemigo? ¿Qué utilidad tienen en contra de las asechanzas del diablo? _____
_____

**23.** Menciona como un ejemplo práctico en tu vida cotidiana una mentira del enemigo y la manera en que utilizarías la espada del Espíritu para resistir a Satanás: _____
_____

## La Venganza es Mía

La Biblia contiene muchos ejemplos de la justicia de Dios. A Él no se le olvida nada, todo lo ve, es justo y aborrece la maldad. Los salmos están llenos de oraciones pidiendo justicia (Sal. 73, 94, 37) recordando la perfecta justicia de Dios: *Jehová es el que hace justicia y derecho a todos los que padecen violencia,* (Salmo 103:6); mientras que Santiago 1:20 nos recuerda que *la ira del hombre no obra la justicia de Dios,* y que *el juicio será sin misericordia para aquel que no haga misericordia; y la misericordia triunfa sobre el juicio (Stgo. 2:13).* ¿No es mejor la justicia de Dios y su retribución que cualquier cosa que podríamos idear? Dios promete hacer justicia:

*No os venguéis vosotros mismos, amados míos, sino dejad lugar a la ira de Dios;*
*porque escrito está: Mía es la venganza, yo pagaré, dice el Señor. Romanos 12:19*

### Pregunta para compartir juntas

¿Crees que Dios hará justicia por ti?

---

**Repasa las herramientas:**

**Herramienta #1:** _____ lo que hay en mi corazón que pueda contaminarme.

**Herramienta #2:** _____ mis _____ y _____ a Dios en arrepentimiento.

**Herramienta #3:** _____ las heridas antiguas y nuevas mediante el poder de Dios.

---

## ¿Cuándo puedo volver a confiar?

Esta pregunta es común, porque, como vimos en la página 40, existe la expectativa de que el perdón absuelva el pecado cometido, sin embargo, el hecho de que tú perdones a la persona que te hirió no significa que la relación rota se retomará y traerá una reconciliación inmediata. Para volver a confiar en necesario tener la seguridad de que la persona no nos hará lo mismo nuevamente, que esté realmente arrepentida.

Cuando Juan el Bautista comenzó a predicar el Evangelio, llamó a los fariseos a dejar de fingir ser santos y más bien a "hacer frutos dignos de arrepentimiento," (Mateo 3:8). El arrepentimiento es un cambio invisible que ocurre en el corazón, sin embargo, el fruto del que hablaba Juan el Bautista es algo *visible*, que todos podrán ver. Una persona arrepentida mostrará el resultado de una *metanoia* completa, algo así como voltear la manga de un suéter (paráfrasis de Jaime Foote[4]) y mostrar un cambio visible de 180 grados: esto implica una transformación profunda. Esta transformación de arrepentimiento debemos buscarla primero en nosotros, y después esperar la obra de Dios en quienes nos han herido. A continuación te presentamos unos ejemplos de la manifestación de frutos de arrepentimiento en la práctica:

## *Ejemplos Visibles de Frutos de Arrepentimiento*

- Demuestra humildad total, sin negociar ni estar a la defensiva
- Aborrece el pecado que cometió
- Está dispuesto a vivir las consecuencias de su pecado
- Está dispuesto a perder lo que sea para estar bien con Dios nuevamente
- Tiene un cambio de hábitos y actitudes

- Hace la restitución, (si es posible, de acuerdo a la situación)
- Está dispuesto a rendir cuentas
- Establece protocolos para evitar caer en la carnalidad y para cuidarse
- Muestra tristeza, compunción (Salmo 51)
- Reconoce el pecado arraigado o recurrente en su interior

De acuerdo a la lista anterior, es importante aclarar que existen casos en los que la parte ofensora no conoce a Cristo como su Salvador y no está familiarizada con el concepto del pecado como tal; sin embargo la Palabra de Dios nos enseña que tales personas muestran que conocen esa ley (la de Dios) cuando por instinto la obedecen aunque nunca la hayan oído porque su propia conciencia y sus propios pensamientos o los acusan o bien les indican que están haciendo lo correcto (Romanos 2:14-15, NTV).

*La persona arrepentida pide perdón con verdadera humildad no sólo como acto de obediencia o para cerrar una brecha. ~Diana Torres[5]*

El fruto tarda tiempo en manifestarse, mientras tanto, la parte herida deberá esperar pacientemente este proceso para entonces volver a confiar. ¿Recuerdas las "rejas" en la página 46? Constituyen una forma de mantener una relación sana con una persona con quien hay una relación complicada. Hay plantas que producen frutos después de algunas semanas, como el rábano, o de tres meses como la calabaza y el chile, pero hay árboles frutales cuyos frutos tardan años en lograrse, como es el caso del aguacate que tarda 15 años en producir sus primeros frutos, o la papaya que tarda 5 años, o el tamarindo que tarda 8 años. Por esta razón, sé constante en la oración por la persona que te ha herido, para que Dios haga Su obra completa tanto en ti como en él o ella. De acuerdo a la lista anterior, es importante aclarar que existen casos en los que la parte ofensora no conoce a Cristo como su Salvador y no está familiarizada con el concepto del pecado como tal; sin embargo la Palabra de Dios nos enseña que tales personas muestran que conocen esa ley (la de Dios) cuando por instinto la obedecen aunque nunca la hayan oído porque su propia conciencia y sus propios pensamientos o los acusan o bien les indican que están haciendo lo correcto (Romanos 2:14-15, NTV).

Repasa el versículo de memoria:

Soportándoos_____

_____ tuviere queja _____. De la manera

_____C_____:

## El Propósito del Dolor

Los primeros meses después de mi evento traumático consistieron en pesadillas durante el día, saltaba cuando oía voces extrañas, y lloraba a escondidas para que no me vieran mis familiares y se sintieran más afligidos por mi dolor. Durante casi dos años, cada vez que pasábamos por el lugar donde había ocurrido mi trauma, tenía que voltear a ver hacia otro lado y mi respiración se cortaba. Tenía ataques de ansiedad y luchaba por vivir una vida normal. Mientras que esperaba que sanaran mis heridas físicas, las emocionales permanecían latentes, como si todo hubiera sucedido ayer, aunque ya había transcurrido más de un año. Cuando tomé el estudio y pasé por todas las etapas hasta la libertad, ¡quedé sanada!

Siete años después del evento, podía contarlo tranquilamente sin llorar ni sentir temor, podía compartir la misericordia y el propósito de Dios en el evento. Pero una noche mientras dormía, tuve una regresión. De repente estaba de regreso, en el mismo lugar, a todo color y sensación. Atrapada en la misma agonía, veía y escuchaba todo de nuevo, llena de miedo y sin poder escapar de la regresión. Al despertar, comencé a orar y a preguntarle a Dios por qué había permitido que nuevamente lo viviera después de tantos años de paz. Abrí mi Biblia y comencé a leer mis pasajes consoladores. Me planté delante de Dios y me negué a cerrar mi Biblia hasta que me mostrara por qué lo había permitido de nuevo. Fue en ese momento que entendí que no había perdonado a quién me hirió y casi destruyó a mi familia. Había borrado su nombre de mis recuerdos por el gran temor de volverlo a ver; hasta la fecha no me acuerdo de su nombre. Pero Dios en su amor y sanidad me llevó a orar por esa persona, y a pedir por su salvación. Pude hacerlo con completa paz y sinceridad, porque Dios había obrado el milagro del perdón en mi corazón.  ~Keilah

## Cuando Herimos con Nuestro Dolor

Con frecuencia la misma tristeza, enojo, dolor o amargura que tenemos en nuestro corazón, por las heridas que no han sanado, termina por contaminar a los que nos rodean. Pasamos a ser tanto víctimas como victimarias. La rabia que llevamos por dentro se riega sobre todos los que nos rodean, contaminándoles. Por muy grande que haya sido la pérdida que sufrimos y el dolor que vivimos, nunca justificará herir a alguien más. *Mi* dolor no justifica provocar dolor a *otros,* ni hablar mal de alguien, prejuzgarle, maltratarlo verbalmente o traicionarlo; tampoco, participar en abuso, tener arranques de ira, ni negarme a perdonar. Igualmente es inadmisible mentir, robar, despreciar o burlarse de alguien más.

> **Compara Hebreos 12:15 en versión NTV con la versión que memorizaste:**
> Cuídense unos a otros, para que ninguno de ustedes deje de recibir la gracia de Dios. Tengan cuidado de que no brote ninguna raíz venenosa de amargura, la cual los trastorne a ustedes y envenene a muchos.

## La Reconciliación y La Restauración de Relaciones

**24.** Piensa en las personas que te rodean que podrían haber sufrido heridas de tu parte y apunta los nombres o iniciales de aquellos a quienes has herido.

- A padres, hermanos, o medios hermanos, de sangre, o adoptivos_____
- Esposo_____
- A abuelos, tíos, primos, de sangre, políticos, o adoptivos_____
- A algún amigo o amiga en el pasado o presente_____
- A compañeros de clase en el pasado o presente_____
- A algún maestro o maestra o alguna otra autoridad_____
- A un compañero de trabajo, subordinado, alumno, o jefe_____
- A un miembro de la iglesia_____
- A algún vecino o vecina_____
- A un hijo o hija, de sangre o adoptivos_____

Como vimos en el capítulo anterior, las relaciones más complicadas son las relaciones permanentes, porque requieren de mucho trabajo y mucho perdón. Estas relaciones tienen el potencial de causar heridas constantes por la cercanía de la relación familiar, y por lo mismo, es muy probable que ambas partes hayan herido el uno al otro. Pon tu corazón en la mesa con toda humildad ante Dios y pídele que te revele tu propio pecado, aquel que te ha contaminado. El poder reconocer todo el daño que hemos hecho a otros nos dará libertad.

**25.** El pedirle perdón a alguien puede ser sólo un acto vacío si no viene acompañado con acciones (frutos de arrepentimiento) que demuestran que entendiste que heriste a la persona, que estás arrepentida y estás esforzándote para mostrárselo. Entrega la lista de personas de la pregunta 24 a Dios en oración y pide que Él te muestre qué pasos debes tomar para caminar hacia la reconciliación y restauración de la relación que tenías con esas personas. Hay ocasiones en las que es posible restaurar rápidamente la relación y en otras es necesario mantener las rejas, por esta razón es necesario orar, y pedirle dirección a Dios. Escribe tu oración aquí: _____

_____
_____
_____
_____
_____

## La Redención de Cristo

El acto de perdonar es como un movimiento financiero. Imagina que todos los seres humanos tenemos una cierta cantidad en el banco para gastar durante nuestras vidas. Cuando una persona te hiere, te roba una cantidad fuerte dejándote un saldo en contra, es por eso que es tan difícil perdonar, porque para poder recuperar ese saldo, necesitamos pagarlo nosotras mismas, el problema es que no contamos con un recurso extra para pagar deudas. Hubo una única persona que pagó con su propio recurso todas las deudas, de todos. Esa persona fue Jesucristo.

*Haya, pues, en vosotros este sentir que hubo también en Cristo Jesús, el cual, siendo en forma de Dios, no estimó el ser igual a Dios como cosa a que aferrarse, sino que se despojó a sí mismo, tomando forma de siervo, hecho semejante a los hombres; y estando en la condición de hombre, se humilló a sí mismo, haciéndose obediente hasta la muerte, y muerte de cruz. Por lo cual Dios también le exaltó hasta lo sumo, y le dio un nombre que es sobre todo nombre. Filipenses 2:5-9*

*Mas Dios muestra su amor para con nosotros, en que siendo aún pecadores, Cristo murió por nosotros. Romanos 5:8*

## Cómo Dejar de Sentir La Culpa

Hay un punto más en materia de perdonar: es probable que recuerdes un pecado que te hace sentir mucha condenación, y tal vez has escuchado cosas como "debes perdonarte a ti misma" pero esa es una mentira muy grande. El otorgarte perdón significa que el sacrificio de Jesucristo no fue suficiente. La verdad es que más bien, "debes aceptar el perdón de Dios y creer que eres perdonado.". Jesús es el único que tuvo el recurso para pagar las deudas de todos, porque fue el único que no tuvo pecado.

No tienes el recurso para pagar tu propia deuda, necesitas aceptar el regalo de Dios: que pague tu deuda con su propio recurso; necesitas recibir el perdón de Jesús. No puedes perdonarte a ti misma, ya estás perdonada, sólo falta creerlo y recibir Su perdón.

## ⚯ *Aplico Mis Herramientas*

**#1: RECONOCER** la verdad acerca de lo que tenemos en nuestro corazón, con toda honestidad y humildad hacía Dios.

*Mirad bien, no sea que alguno deje de alcanzar la gracia de Dios; que, brotando alguna raíz de amargura, os estorbe, y por ella muchos sean contaminados. Hebreos 12:15*

Si has reconocido tu herida, el dolor que ha causado, tu propio pecado y aun las cosas por las cuales puedes estar agradecida con Dios, es tiempo de rendirlo todo al Señor.

**#2: RENDIR** las heridas, dolor, y pecado en arrepentimiento ante Dios.

*Finalmente te confesé todos mis pecados y ya no intenté ocultar mi culpa. Me dije: «Le confesaré mis rebeliones al Señor», ¡y tú me perdonaste! Toda mi culpa desapareció. Salmo 32:5 (NTV).*

*Él sana a los quebrantados de corazón y venda sus heridas. Salmo 147:3*

Ahora que le has entregado a Dios tu herida, tu dolor y tu pecado, es tiempo de ser perdonada y de perdonar.

**#3: PERDONAR.** Necesitas saber que el perdón no es una sugerencia, Dios lo ha establecido claramente como un mandamiento. Él puede ordenar eso porque Él pagó con su muerte y dolor nuestra justificación. Perdonar es obedecer a Dios.

*Soportándoos unos a otros, y perdonándoos unos a otros si alguno tuviere queja contra otro. De la manera que Cristo os perdonó, así también hacedlo vosotros. Colosenses 3:13*

25. Recita los tres versículos que has memorizado.

26. Comparte con tu grupo un poco de lo que Dios te ha hablado en tu devocional, y muestra tu página de apuntes del Devocional Capítulo 5.

**Tarea para esta Semana:**

- Repasar Hebreos 12:15, Salmo 147:3 y Col. 3:13. **Memorizar Lamentaciones 3:22-23**
- Continuar el devocional diario en la página 60. Cada semana hay actividades nuevas en las instrucciones.
- Contestar la tarea del Capítulo 6 de las páginas 63-75. **Nota:** Hay una actividad especial esta semana que te tomará tiempo: contar tu historia. Será necesario organizarte y programar tiempo para pensar, escribir y orar.
- Si estás casada, también contestarás la sección dedicada al matrimonio, Encontrar la Cura Para el Corazón Roto, está en las páginas 61-62.

---

El versículo de memoria:

Por la misericordia de Jehová no hemos sido consumidos, porque nunca decayeron sus misericordias. Nuevas son cada mañana; grande es tu fidelidad. **Lamentaciones 3:22-23**

## DEVOCIONAL DIARIO Semana 6

Esta semana continuarás con tu lectura diaria de la Biblia. Si este espacio es muy reducido para tomar notas, puedes utilizar un cuaderno especial designado para el devocional diario, y sólo apuntar la idea principal en tu manual.

Retoma la actividad del devociona en el capítulo 1, páginas 8-9: Haz listas de ideas, secuencias en el pasaje. Haz preguntas para profundizar en tu lectura. Prepárate para compartir brevemente uno de los días de tu devocional con tu grupo.

**Lunes** _____

Pasaje que leí: _____

Lo que Dios me habló: _____

_____

_____

_____

_____

_____

_____

**Martes** _____

Pasaje que leí: _____

Lo que Dios me habló: _____

_____

_____

_____

_____

_____

_____

_____

**Miércoles** _____

Pasaje que leí: _____

Lo que Dios me habló: _____

_____

_____

_____

_____

_____

_____

**Jueves** _____

Pasaje que leí: _____

Lo que Dios me habló: _____

_____

_____

**Viernes** _____

Pasaje que leí: _____

Lo que Dios me habló: _____

_____

_____

_____

_____

_____

_____

_____

**Sábado** _____

Pasaje que leí: _____

Lo que Dios me habló: _____

_____

_____

_____

_____

_____

_____

_____

**Domingo** _____

Pasaje que leí: _____

Lo que Dios me habló: _____

_____

_____

_____

_____

_____

_____

# En el Matrimonio: encontrar la cura para un corazón roto

Se ha comprobado científicamente que debido a la intensidad de la tristeza profunda y el estrés que provoca el rompimiento de una relación amorosa, se puede llegar al extremo de experimentar lo que se conoce como el "síndrome del corazón roto."

Cuando una pareja enfrenta el proceso de un divorcio las heridas son muy profundas y duraderas debido a los hijos de por medio, los trámites legales, los recuerdos de traición, la falta de perdón, la división de los bienes materiales, etc. Esto puede llevar a la pareja a atravesar por un estado de depresión. El divorcio es sinónimo de una gran herida. Una relación de amor en la que una o ambas partes fueron traicionadas produce un dolor muy amargo y duradero.

En Isaías 54:4-8, Dios le habla a un pueblo triste y herido que lo ha perdido todo y no tiene motivo para gozarse, ni quién lo ame, refiriéndose a él con amor, como a una esposa preciosa por la cual ha llegado Cristo:

*No temas, pues no serás confundida; y no te avergüences, porque no serás afrentada, sino que te olvidarás de la vergüenza de tu juventud, y de la afrenta de tu viudez no tendrás más memoria. Porque tu marido es tu Hacedor; Jehová de los ejércitos es su nombre; y tu Redentor, el Santo de Israel; Dios de toda la tierra será llamado. Porque como a mujer abandonada y triste de espíritu te llamó Jehová, y como a la esposa de la juventud que es repudiada, dijo el Dios tuyo. Por un breve momento te abandoné, pero te recogeré con grandes misericordias. Con un poco de ira escondí mi rostro de ti por un momento; pero con misericordia eterna tendré compasión de ti, dijo Jehová tu Redentor.*

Por otra parte, una pareja que ha pasado por problemas graves, y no llega a separarse, puede presentar heridas profundas debido a la falta de confianza, la tristeza persistente y el enojo. El hecho de que ambas partes hayan decidido permanecer juntos no significa que hayan sanado sus heridas. Comienzan a tener temas que no se pueden tocar, o ciertas situaciones que provocan tensión o agresión inmediata debido a recuerdos o heridas del pasado. Así mismo, se encierran en un caparazón emocional, o se desensibilizan para no permitir que les vuelvan a herir con la misma magnitud que antes. Algunas personas dejan de comer, duermen todo el día y tienen arranques de llanto inexplicable o ira. Simplemente: un corazón roto es paralizante.

**¿Recuerdas cuáles eran los cuatro pasos para salir de la depresión? (Cap. 6, pag 70-72).**

1. _____     2. _____

3. _____     4. _____

## ¿Cómo se sana un matrimonio con cicatrices y heridas de décadas?

○—→ Si las dos partes están dispuestas: se reúnen y ambos reconocen sus faltas, se piden perdón y muestran con acciones concretas los frutos de arrepentimiento y el deseo de reconciliación. Aquí la acción concreta más importante es buscar a Dios todos los días de todo corazón. Dios hará la obra en sus corazones, y producirá sanidad y el milagro del perdón.

Muchas parejas recurren a consejería para resolver problemas que no han podido superar en su matrimonio, sin embargo, la utilidad de la consejería es mínima **si no están buscando a Dios diariamente en la Biblia y en oración.** La consejería matrimonial es una forma de "rendición de cuentas" donde un mediador ofrece consejos prácticos y sabios, y la pareja rinde cuentas de su trabajo de reconciliación cada semana.

Es muy común que las personas pierdan la esperanza de que cambie su pareja. Es importante reconocer que, por mucho que lo deseé, una persona no puede cambiar, sino que es Dios quien produce el cambio en su corazón y en sus actitudes. Lo único que puede hacer la persona que busca sanar heridas del pasado, o que busca un cambio en sí misma para evitar producir nuevas heridas, es rendir su corazón diariamente ante Dios mediante el lavamiento de la Palabra (Efesios 5:25-27).

**Un cambio no se produce de la noche a la mañana, ni tampoco se cura una herida profunda de la noche a la mañana.** Es importante que la pareja sea consistente en su esfuerzo, y sea paciente hasta ver los frutos de su trabajo. Indudablemente obrará Dios, y lo único que estorba la obra de Dios somos nosotros mismos, que no deseamos rendirnos por completo ante Él. Es importante recordar el *valor* del matrimonio. Hicieron un pacto ante Dios. No depende de las emociones que sentimos, sino del poder de Dios y nuestra constancia.

○—→ Si sólo una parte está dispuesta a sanar la relación: Deberá tener muy presente que su trabajo no es cambiar a su pareja, sino que busque el cambio en su propio corazón. Dios puede hacer grandes obras cuando estamos completamente rendidos ante Él. La parte que desea reconciliación deberá **reconocer** las maneras en que ha herido a su pareja y pedirle perdón. Después demostrará con hechos concretos su deseo de cambiar y de amar a su pareja a pesar de los defectos que tenga (1 Cor. 13:7); y buscará a Dios todos los días para que Él le sustente y le dé perdón, gozo y paciencia para amar a su pareja. Dios hará la obra en sus corazones de una manera milagrosa.

La esposa creyente que está casada con un hombre que aún no es creyente tiene la promesa de que el testimonio de su vida (no sus palabras, ni su justicia moral, ni su insistencia en que él asista a la iglesia) obrarán para la salvación de su esposo. (1 Pedro 3:1).

**Al buscar a Dios fielmente y llenarnos de Él, que amó primero (1 Jn. 4:19), que amó sin razón (Rom. 5:8), que amó hasta el fin (Rom. 8:39), podremos amar a quien no merece amor, y podremos ver cómo Dios lo transforma a Su imagen.**

# *CAPITULO* **6** La Depresión

Oración de la semana: Pídele a Dios que se muestre de manera poderosa y tangible en medio de tus recuerdos, tu tristeza y el proceso de sanidad de las heridas del pasado. *¿Por qué te abates, oh alma mía, y por qué te turbas dentro de mí? Espera en Dios; porque aún he de alabarle, Salvación mía y Dios mío.* Salmo 43:5

Es difícil y vergonzoso admitir que nos sentimos deprimidas o desanimadas. Es porque nos apena admitir que no somos tan fuertes como aparentamos. Tememos que los demás piensen que nuestra relación con Cristo no está bien y que por ello no podemos vencer la depresión que nos ahoga. Y nos llegamos a preguntar ¿No es Cristo suficiente? ¿Por qué me siento así?

La depresión es una condición de tristeza y desánimo persistente, y es uno de los trastornos más comunes en la actualidad que afectan a un número importante de personas. Una forma de comprender este tema es diferenciar dos categorías por sus causas: **Depresión endógena y depresión exógena o reactiva.**

*La Depresión Endógena* se crea dentro de nuestro cerebro, sin necesidad de un factor externo que la detone. Se asocia a cambios biológicos en el cerebro que afectan a los neurotransmisores y a la serotonina, conocida como la "hormona de la felicidad". Los bajos niveles de serotonina son los que provocan esta depresión que suele tener un componente genético, por lo cual, si existe una tendencia familiar hacia la depresión, puede influir, aunque no es necesariamente un factor determinante.

Los síntomas de la depresión endógena son similares a los de cualquier tipo de depresión, pero, como mencionamos, surgen sin causa aparente debido a que el detonante es fisiológico.

Repasa el versículo de memoria:

Mirad _____de Dios.

Que_____ y por ella

muchos_____. Hebreos _____: 15

## Podemos destacar 5 síntomas de la depresión exógena:

- ✍ Visión pesimista del futuro.
- ✍ Ansiedad e irritabilidad.
- ✍ Pérdida de interés por todo, incluso por las cosas que normalmente disfrutaba.
- ✍ Alteraciones en el sueño.
- ✍ Distanciamiento de amigos y familiares (aislamiento).

También se observan ciertas dificultades para concentrarse y mantener la atención, así como ideas catastróficas, culpa o hipocondría. Los síntomas son más fuertes en la mañana con una mejoría durante la tarde.

**La Depresión Exógena o Reactiva** se produce debido a factores externos, tales como la pérdida de un ser querido, el divorcio, el abuso, la pérdida de empleo, problemas económicos, enfermedad o un diagnóstico médico grave, etc. Como ya mencionamos, los síntomas son parecidos en ambos tipos de depresión.

Es importante para ambos tipos de depresión que haya un diagnóstico a tiempo para recibir el tratamiento adecuado y evitar que una depresión leve empeore. La depresión es señal de que algo necesita atenderse. No es simplemente una cuestión de "pensar de manera positiva" para superarla. Como puede ser algo causado por cuestiones fisiológicas, es necesario que un especialista realice un diagnóstico para su tratamiento que en ocasiones podría requerir medicamentos.

Cuando pasamos por un periodo prolongado de tristeza, podemos sentir que Dios no nos escucha, que no nos ayuda porque nos ha abandonado. Pero el hecho de que en algún momento se experimenten períodos de desánimo o tristeza, no significa que Dios nos ha abandonado, ni tampoco significa que es pecado dudar o temer. Esta circunstancia es una oportunidad para comprobar la sabiduría, el amor y el poder de Dios en nuestras vidas.

Repasa el versículo de memoria:

Soportándoos_____

_____queja. De la_____

así también                                    . Colosenses        :

## Sin Fuerzas para Vivir

Debemos considerar que la depresión puede ser un factor de riesgo para el suicidio. (Personas con un nivel bajo de serotonina tienen más posibilidades de cometerlo). El pensar en querer suicidarse es una reacción trágica ante situaciones muy dolorosas a las que se enfrenta una persona, pero es una puerta falsa. En realidad, alguien en una depresión grave no desea dejar de vivir, sino dejar de sufrir.

Si has llegado a tener pensamientos suicidas, o si intentaste quitarte la vida, este es un buen momento para llevar todo esto en oración a Dios y poder continuar avanzando hacia la sanidad y libertad que Cristo ya ganó para ti. No te rindas, no ap

agues tu lámpara, Jesús te está llamando a que corras hacia Él. El rey David, quien fuera "el dulce cantor de Israel" (2 Samuel 20:1), exclamó alguna vez:

*"Mi corazón está dolorido, y terrores de muerte sobre mí han caído. Temor y temblor vinieron sobre mí y terror me ha cubierto. Y dije: ¿Quién me diera alas como de paloma! Volaría yo y descansaría, ciertamente huiría lejos, moraría en el desierto, me apresuraría a escapar del viento tempestuoso y de la tempestad." Salmo 55:4-8*

Nada indica que David estuviera considerando la opción del suicidio, pero sí que estaba viviendo una gran desesperanza, al grado de desear volar y huir lejos del dolor. La salida anhelada la menciona David más adelante:

*"En cuanto a mí, a Dios clamaré y Jehová me salvará. Tarde y mañana y a medio día oraré y clamaré y Él oirá mi voz. Él redimirá en paz mi alma de la guerra contra mí."*
*Salmo 55:16-18*

## No estás Sola, Muchos se Sintieron Así

En este capítulo veremos cómo Dios ha tratado con la depresión de sus hijos durante siglos. Hombres y mujeres que experimentaron la depresión tomados de la mano de su Creador. Profundizaremos en las verdades bíblicas que Dios usa para obrar milagrosamente en nuestras vidas y contra nuestra depresión, y cómo muchos héroes de la fe relataron la agonía de la duda, la soledad y la profunda tristeza que sufrieron en medio de la depresión.

David dijo "Me he consumido a fuerza de gemir; todas las noches inundo de llanto mi lecho, riego mi cama con mis lágrimas (Salmo 6:6), y Jeremías exclamó "Mis ojos desfallecieron de lágrimas, se conmovieron mis entrañas" (Lamentaciones 2:11ª). Y muchos otros, como María, a la que una espada traspasó su alma (Lucas 2:35); o Elías, que deseaba morir porque se había cansado de la persecución (1 Reyes 19:4); Ezequiel quien perdió su esposa y no la pudo llorar (Ezequiel 24:16). Job que dijo "Mi alma está derramada en mí, días de aflicción se apoderan de mí"(Job 30:16); Jesús mismo quien "fue varón de dolores, experimentado en quebranto" (Isaías 53:3).

No son sólo los héroes de la Biblia los que han padecido gran tristeza y depresión persistente, sino también mujeres que transformaron el mundo como Amy Carmichael y Elisabeth Elliot, y hombres de gran fe como Hudson Taylor y Charles Spurgeon. Éste último batallaba frecuentemente con una fuerte depresión, y aunque es reconocido como uno de los mejores predicadores de la Biblia, y un hombre que andaba siempre muy cerca de Dios, escribió lo siguiente acerca de sus luchas:

*Actualmente padezco una depresión tan temible es mi esperanza que ninguno de ustedes lleguen a tales extremos de miseria como caigo yo. Pero siempre regreso de nuevo mediante esto: sé que confío en Cristo. No tengo otro apoyo más que en Él, y si Él cae, caeré con Él. Pero si no cae, tampoco caeré. Porque Él vive, viviré también, y me levantaré de un salto nuevamente y lucharé con mis depresiones de espíritu y obtendré la victoria sobre ellos. Y así harán ustedes, y deberán hacerlo, porque no hay otra manera de escaparse de ello.*

~Charles Spurgeon[1]

## Dios Está Presente en Tu Lucha

Si estás pasando por un período en el que te sientes como adormecida, exhausta y desinteresada al grado de no poder más, es importante entender que este tipo de experiencias no son inusuales en un mundo caído. Entonces: ¿Qué puedes hacer? Necesitas hacer un alto, hablar con Dios de cómo te sientes, rendirle tu tristeza, incapacidad y pensamientos negativos para empezar a ver destellos de esperanza.

Podemos leer en la Palabra de Dios cómo Él conoce lo que pasa en diferentes temporadas de nuestra alma y cómo está atento al llanto y al clamor que brota de tu corazón.

Repasa el versículo de memoria:

Por la misericordia de Jehová _____,
porque nunca_____ misericordias. Nuevas son
_____; grande es tu _____.
Lamentaciones 3:_____-_____

## Un Grito de Angustia

Uno de esos gritos es el Salmo 77, escrito por Asaf. No sólo revela la desesperación humana, sino también una forma de salir de ella. Nos enseña cómo recuperarnos cuando apenas tenemos ganas de hacerlo. Dios no ofrece una cura mágica o una solución única; la depresión es compleja, y Él ayuda a salir de ella de diferentes maneras.

Este salmo ofrece algunos principios comunes que puedes considerar. Si estás deprimida, pon tu caso en oración, tal como lo hizo Asaf:

| | |
|---|---|
| 1. Clama a Dios *(v. 1-3)* | ¹ Con mi voz clamé a Dios, a Dios clamé, y él me escuchará. ² Al Señor busqué en el día de mi angustia; alzaba a él mis manos de noche, sin descanso; mi alma rehusaba consuelo. ³ Me acordaba de Dios, y me conmovía; me quejaba, y desmayaba mi espíritu. |
| 2. Pasa de clamar a Dios a recordar bendiciones pasadas *(v. 4-6)* | ⁴ No me dejabas pegar los ojos; estaba yo quebrantado, y no hablaba. ⁵ Consideraba los días desde el principio, los años de los siglos. ⁶ Me acordaba de mis cánticos de noche; meditaba en mi corazón, y mi espíritu inquiría: |
| 3. Luego hazle a Dios las preguntas difíciles *(v. 7-9)* | ⁷ ¿Desechará el Señor para siempre, y no volverá más a sernos propicio? ⁸ ¿Ha cesado para siempre su misericordia? ¿Se ha acabado perpetuamente su promesa? ⁹ ¿Ha olvidado Dios el tener misericordia? ¿Ha encerrado con ira sus piedades? |
| 4. Redirecciona tus pensamientos hacia Dios *(v. 10-12)* | ¹⁰ Dije: Enfermedad mía es esta; traeré, pues, a la memoria los años de la diestra del Altísimo. ¹¹ Me acordaré de las obras de JAH; sí, haré yo memoria de tus maravillas antiguas. ¹² Meditaré en todas tus obras, y hablaré de tus hechos. |
| 5. Elige ver a Dios como más grande que tus problemas *(v. 13-18)* | ¹³ Oh Dios, santo es tu camino; ¿Qué dios es grande como nuestro Dios? ¹⁴ Tú eres el Dios que hace maravillas; Hiciste notorio en los pueblos tu poder. ¹⁵ Con tu brazo redimiste a tu pueblo, A los hijos de Jacob y de José. ¹⁶ Te vieron las aguas, oh Dios; las aguas te vieron, y temieron; los abismos también se estremecieron. ¹⁷ Las nubes echaron inundaciones de aguas; tronaron los cielos, y discurrieron tus rayos. ¹⁸ La voz de tu trueno estaba en el torbellino; tus relámpagos alumbraron el mundo; se estremeció y tembló la tierra. |
| 6. Y luego confía en que Dios es tu libertador *(v. 19-20)* | ¹⁹ En el mar fue tu camino, y tus sendas en las muchas aguas; y tus pisadas no fueron conocidas. ²⁰ Condujiste a tu pueblo como ovejas por mano de Moisés y de Aarón. |

## La Luz Al Final del Túnel

Este cambio de perspectiva ayuda a transformar nuestra mente para pensar y ver de forma diferente nuestras circunstancias. Ante ello y con la ayuda de Dios, la depresión puede comenzar a ceder.

La depresión puede sentirse como un túnel frío y oscuro sin ninguna luz al final. Es fácil para la mente inclinarse hacia lo mal que están las cosas y concluir que el futuro será más de lo mismo. Sólo una reorientación de la oscuridad a la luz, de las situaciones actuales a las misericordias pasadas, de los problemas a las promesas, puede sacarnos de este problema.

Al igual que Asaf, nos tomamos un tiempo de espera mental y elegimos diferentes pensamientos: "Meditaré en todas tus obras y consideraré todas tus poderosas acciones" (v. 12). Esta elección voluntaria de redirigir nuestros pensamientos cambia nuestra perspectiva. Y la oscuridad comienza a dar paso a la luz.

## Diagnóstico Sobre la Depresión

Marca los recuadros que describen lo que sientes o has sentido durante más de 2 semanas consecutivas:

| | | | |
|---|---|---|---|
| ○ Falta de apetito o hambre constante | ○ Sentirte sin valor | ○ Tristeza | ○ Apatía |
| ○ Exceso de sueño | ○ Sentimiento de culpa | ○ Deseo de muerte | ○ Llanto excesivo |
| ○ Fatiga o falta de energía | ○ Dificultad para concentrarte | ○ Irritabilidad | ○ Ansiedad |
| ○ Descuido en el arreglo personal | ○ Indecisión excesiva | ○ Cambios bruscos de ánimo | ○ Aislamiento |
| ○ Insomnio, despertar muy temprano | ○ Falta de interés en actividades que antes disfrutabas | ○ Movimientos repetidos con dedos, pies; inquietud constante | ○ Pensamientos de suicidio |

Repasa el versículo de memoria:

Por la _____ de Jehová no hemos _____ c_____, porque nunca _____ sus misericordias. Nuevas _____; grande es _____. Lamentaciones 3: __-__

## Historia de las Heridas Fieles de Dios

Tenía 23 años, estaba embarazada de mi primer, y muy anhelado bebé. Siempre había querido ser mamá, y ahora mi sueño se había cumplido. Pero mi sueño fue muy breve, estrellado en un momento tras un ultrasonido que mostraba a un bebe perfectamente formado, pero muerto. Me quebrantó el dolor, pero creí que Dios podía tener un propósito en esto, y me aferré a esa convicción. Casi seis meses después, nerviosa y temerosa, estaba embarazada de mi segundo bebé. El ultrasonido mostro un bebé vivo, pero con "algo mal". Tras cinco días agonizantes, en los que oré por el milagro de vida para mi bebe, me arrolló de nuevo la ola de una pérdida. La primera vez, pensaba que podía ser Dios obrando en mí, haciendo algo bueno a través de un quebranto. Pero ante una segunda perdida, y después de tantas lágrimas y oraciones, me sentí defraudada por Dios.

Si Él podía en un instante sanar y dar vida, ¿por qué no tomó esta oportunidad para glorificarse, en una sanación maravillosa? ¿Qué valor tenían ahora mis promesas? No quería orar, no quería saber nada de Dios. En mi momento de mayor necesidad me había dado una esperanza hueca, y luego me había abandonado. Quería darle la espalda. Y así hice. Guardé mi Biblia, callé mis oraciones, lo expulsé de mis pensamientos—y me sumergí en unos de los peores días que he vivido. El dolor del quebranto no se quitaba. Quería emborracharme, para olvidar un ratito mis dudas y mi desilusión de Dios, pero en el fondo sabía que despertar sería peor. Durante esos cinco días de espera, Dios me había hablado en las palabras de Jesús a María y Marta: "¿No te he dicho que si crees, verás la gloria de Dios?" (Lucas 11:40). Y yo había creído, pero en lugar de gloria, me dejó con las manos llenas de cenizas.

Después de pocos días, ya no soporté la distancia... ¡era el infierno mismo! Porque vivía todo el dolor, pero sin la presencia de Dios, y era insoportable. Volví a buscar a Dios, pero aún abrumada con un sinfín de "por qués". Su presencia volvió a ser otra vez una especie de consuelo, pero aún me seguía ahogando en mi tristeza. Sentía que estaba sumergida bajo las olas del mar, los pulmones deseando aire, la arena en mis ojos, sin noción de donde estaba la superficie, perdida en una confusión—y por momentos saliendo a respirar un segundo, para luego ser sumergida en el dolor otra vez. Pero me aferré a lo único que creí que era totalmente constante—Dios. Me obligué a leer día tras día Su Palabra, buscando respuestas, buscando ese respiro momentáneo, buscando encontrar sentido a lo que había pasado.

Al principio no podía orar—sentía que no tenía sentido hacerlo, porque si el resultado del clamor de una madre por la vida de su hijo recibe un "No" tan seco, e insensible, ¿qué caso tenía orar por otras cosas? Otras veces se desbordaba mi dolor en un clamor a Dios, sin sentido—el derrame de un grito de "¿por qué?". Yo creo que el proceso de duelo, y la depresión que tantas veces lo acompaña provoca una locura temporal, y yo perdí el juicio. Me abrumaba estar en contacto con la gente, especialmente en la iglesia. Todos sabían lo que me había pasado, y sentía que tenía una estampa en mi frente anunciando a todos que yo era una "Desfigurada", y yo podía sentir la lástima que les daba, y quería huir. Es demasiadas ocasiones sus intentos de consuelo, aunque bien intencionados, me hundían más en la agonía, porque sabía que realmente no me entendían. Me sentía sola, tan completamente sola.

Pero día tras día, comenzaron a ser más largos los respiros en medio del mar turbulento. En los días más amargos, yo me obligaba a ir, igual que siempre, a la Palabra, y en esos días, Dios me daba promesas que eran tesoros maravillosos. Comencé a leer: Me senté a los pies de otras mujeres que habían sufrido profundamente, leyendo sus luchas, las promesas que recibieron en medio del quebranto y estudié los propósitos de Dios entretejidos en sus historias. Y me empecé a dar cuenta que los días donde yo podía respirar era en aquellos días cuando ponía la mira en los propósitos eternos de Dios.

La vida nunca puede regresar a la "normalidad", al menos no a la normalidad que antes conocía. El tiempo y el bálsamo de Dios han quitado el dolor agonizante y la nube que me abrumaba, pero las cicatrices quedan. No obstante, ahora veo la gloria de Dios que no pude ver en ese tiempo. Y con el paso de los años, veo ahora que las cicatrices muy profundas que traigo son evidencias, no de Su descuido o sadismo, sino son parte de Sus propósitos eternos. Gracias a ellas he aprendido a confiar en Dios en las cosas que no entiendo, a agradecer cada día de tranquilidad, a atesorar los hijos que me ha permitido abrazar (pero me hace recordar que son Suyos, para cumplir Su voluntad). Me fortalecí en la verdad de Salmo 27:13, "Hubiera yo desmayado, si no creyese que veré la bondad de Dios en la tierra de los vivientes." Lo creí cuando en verdad desmayaba mi corazón. Y ahora, años después, veo en muchas maneras pequeñas, y otras muy grandes, que las palabras de Proverbios 27:6 son verdad: "Fieles son las heridas del que ama", pues ni aun cuando yo lo deseché, y yo me di por perdida... ni aún en ese momento, me dejó Dios, sino que me sostuvo, me sacó del mar, me sanó, y me forjó en algo mejor, para gloria Suya.  ~Lia

> No le preguntes a una persona deprimida o en angustia "¿Cómo estás?" no te puede responder honestamente. Mejor pregúntale "¿Hay algo por lo que puedo orar por ti?" o "¿En qué te puedo ayudar?"  Es mucho más alentador, y demuestra tu cariño mejor que cualquier consejo o abrazo.

## Un Paso a la Vez
### Primer Paso: Reconocer lo que hay en tu Corazón

**1.** ¿Alguna vez has sentido tanto dolor que has considerado el suicidio? _____

**2.** ¿Necesitas ayuda? _____

**3.** ¿Te sorprendiste al reconocer la carga que llevas? _____

**4.** ¿Estás buscando a Dios en su Palabra todos los días? _____

**5.** ¿Estás enojada con Dios? _____

**6.** ¿Crees que Dios te ama? ¿Estás segura? _____

**7.** ¿Sientes que Dios ama más a otros que a ti? ¿Quién, y por qué? _____

_____

**8.** ¿Tienes pensamientos específicos o preguntas acerca de tus experiencias que te bombardean constantemente y te provocan más dolor? ¿Cuáles son? _____

_____

_____

_____

**9.** ¿Estás tratando de *adormecer* tu dolor emocional con alcohol, trabajo, personas, música, películas, medicamentos, comida, compras excesivas, deporte o ejercicio? ¿A cuáles has recurrido y te han sanado o han quitado tu dolor? _____

_____

_____

**10.** ¿Tienes pensamientos o deseos de "descansar" y "dejar de sufrir" que te están empujando hacia el suicidio? Compártelo con tu líder de grupo en privado para que camine a tu lado durante este periodo.

> ⊶ **Recuerda**: cuando tus compañeras de estudio compartan sus historias, no menosprecies su herida, como "menor" a la tuya, ni tampoco temas compartir tu dolor porque "no es tanto como el de la otra persona". El dolor no se mide en tamaño, sino en el efecto que tiene en cada persona.

## ⊶ *El Segundo Paso: Poner Nuestros Ojos en Dios*

El siguiente paso para salir de la depresión es poner nuestra mirada en Dios. Por eso en este estudio cada semana encuentras una hoja para apuntar lo que estás leyendo en la Biblia y lo que Dios te habla. No hay sustituto para el tiempo a solas con Dios en Su Palabra. No hacerlo es como si quisieras regar una planta con jugo, refresco o té. No se morirá la planta al instante, pero poco a poco enfermará y no crecerá bien; no hay sustituto para el agua. ¿Estás hablando con Dios diariamente, o como Lia, has dejado de orar?

## ⊶ *El Tercer Paso: Reconocer las Mentiras que Hemos Creído*

El siguiente paso para salir de la depresión es reconocer las mentiras que hemos creído. Subraya las que resuenan en tu propio corazón:

**11.** No soy importante. Nada me sale bien. Nadie me ama. Soy inútil. No puedo. Ya no importa nada. No tengo razón para vivir. Por más que lucho, no cambiará nada. Dios no me escucha. Dios me ha abandonado. No tengo propósito. No puedo perdonarme a mí misma. Soy una persona odiosa que no cambiará. Otras mentiras_____

_____

> ### Repasa el versículo de memoria:
> _____ quebrantados de corazón_____. Salmo___:__

Repasa el versículo de memoria:

Por la _____ de _____ no _____ s_____ c_____
porque _____ decayeron sus _____. Nuevas _____
cada _____; grande es _____. Lamentaciones _: ___-___

## El Cuarto Paso: Sanar los Recuerdos Dolorosos

Ante una pérdida o un evento traumático lo último que queremos es revivirlo. Sin embargo es lo que debemos hacer. La razón es muy sencilla: sufriste varias situaciones muy difíciles, y los recuerdos son sumamente dolorosos. Al exponer los recuerdos a la luz y la verdad de Dios éstos perderán su poder para causarte dolor e infectarte. Cuando se extirpa una astilla clavada en la piel, o se abre un absceso infectado, sólo dejará de doler cuando esté limpia la herida y expuesta a la luz.

## Relata Tu Historia

Dios ya lo sabe todo. No tenemos secretos que Él no conozca, lo que escribirás Él ya lo sabe. Lo que harás ahora es escribir acerca de tus pérdidas y heridas. Si no quieres escribirlas, puedes grabar tu historia en tu teléfono celular o algo similar. No te preocupes por la ortografía o gramática, nadie lo leerá ni te criticará.

**LAS REGLAS PARA RELATAR TU HISTORIA:**

- Antes de comenzar, ora y pídele a Dios que te guíe.
- Respira profundo, y toma unos minutos para organizar tus pensamientos.
- Imagina que relatarás tu historia como en un documental.
- Si te sientes muy abrumada, toma un descanso. Siéntete con la libertad de llorar mientras escribes o relatas tu historia.
- No tienes que hacerlo de una sola vez. Si llega a ser demasiado, es momento de dejarlo a un lado y salir a caminar y respirar o incluso puedes dejarlo para un segundo día. El propósito de este ejercicio es sanar tus recuerdos del pasado, es un ejercicio difícil que tiene muchos beneficios, pero no debes forzarte más de lo que puedas soportar.

**Detente y retoma tu historia otro día si comienzas a sentir:** Respiración rápida, temblor incontrolable, náusea, desorientación, taquicardia, regresiones, deseo de herirte o cortarte, pensamientos suicidas, o un arranque incontrolable de ira. Significa que el trauma que has vivido fue muy fuerte, y necesitas avanzar en tu sanidad de manera lenta y controlada. Pídele a tu líder de grupo o una mujer madura en Cristo que te acompañe durante el proceso.

Repasa el versículo de memoria:

Mirad _____ no sea _____
_____
_____ . H_____

## Cómo Relatar Tu Historia

*Etapa 1:* Antes. ¿Cómo era tu vida antes de que experimentaras las heridas y el trauma? ¿Qué pensabas de Dios antes? ¿Cómo eran tus amistades y familiares? ¿Qué frase describiría tu vida *antes*? Puedes leer la historia de José como un ejemplo (Génesis 37-45):

### ✎ Escribe en una hoja aparte...

*Etapa 2:* Lo que me pasó. Relata los hechos en orden, con los detalles que recuerdes. Olores, sabores, sonidos, los objetos que viste, y sobre todo lo que *sentías y pensabas* en esos momentos.

### ✎ Continúa escribiendo....

*Etapa 3:* Ahora. ¿Cómo has cambiado? ¿Cómo son tus relaciones con tus hijos, padres, hermanos, tu pareja o tus amistades? ¿De qué maneras has cambiado entre el *Antes* y el *Ahora*? ¿Qué situaciones o personas te hacen sentir llanto o ira? ¿Hay algo en tu futuro que te provoque gozo, alegría o te emocione? En medio de su aflicción José esperó en Dios, y al estar en abundancia y paz en Egipto por fin, reconoció la manera en que Dios estuvo presente al elegir los nombres de sus hijos: Efraín (me has hecho olvidar) y Manasés (me has hecho fructificar).

### ✎ Termina...

# ¿DONDE ESTABA DIOS?

Cuando viviste alguna situación traumática y dolorosa todo era un caos. Las olas de emociones te abrumaban y era difícil pensar. No pensabas en otra cosa más que en sobrevivir o escapar de la situación. Pero ahora que estás en un lugar seguro, es momento de sentarte y pensar en dónde estaba Jesús. En medio del dolor y la tristeza allí estaba Jesucristo contigo. Dios nunca te dejó sola, aunque no estabas consciente de Su presencia. Pídele en oración que te permita tener esa certeza[2].

Repasa el versículo de memoria:

Él_____ Salmo _____ : __

## *Encontrar a Dios en Medio de mi Dolor*

Si ahora puedes tener la certeza de que aún en los momentos más tristes y oscuros de tu pasado Jesús estuvo contigo, escribe a continuación lo que has podido comprender en cuanto a las formas en las que Su presencia y Su inmenso amor se manifestaron.

**12.**_____

_____

_____

_____

_____

_____

_____

_____

_____

_____

_____

El proceso de encontrar la intervención de Jesús en tus recuerdos más dolorosos es un ejercicio espiritual que requiere de mucha valentía para regresar a los peores momentos de tu vida. Es posible que no hayas podido lograrlo en este momento. Entre más conoces a Dios de manera personal, será más fácil poder encontrar las formas en las que Dios obraba claramente en medio del dolor. Toma tu tiempo y espera pacientemente a qué Él te muestre Su amor a través de tus recuerdos. Si no lees tu Biblia y haces oración, realmente nada de lo que contiene este manual te ayudará. Será sólo "una vendita para tu herida". Conoce a **Dios** de manera cercana en Su Palabra.

## *Suprimir mis Recuerdos y mi Dolor*

Muchas personas llegan a este punto del manual y dicen: "Es demasiado doloroso este proceso ya no quiero seguir." Es verdad. Es demasiado doloroso, y sobre todo si lo estás haciendo sin estar tomada de la mano de Dios. Tus recuerdos y heridas del pasado contienen emociones muy fuertes. Es doloroso revivirlos, pero ¿prefieres continuar así, paralizada en tu dolor y depresión? ¿No es mejor extirparlo, y sanar los recuerdos de manera que estos no vuelvan a herirte y paralizarte? Ven, caminamos a tu lado. No estás sola.

Repasa el versículo de memoria:

Por la misericordia de Jehová _____,

porque nunca _____. Nuevas_____

_____fidelidad. Lam. _____:___-_____

## *El Peligro de Aislarte*

Cuando te aíslas de las personas en la iglesia podrás sentirte mejor al principio. No habrá comentarios insensatos de personas que no entienden tu tristeza, nadie te herirá más. Sin embargo si te apartas de la gente de la iglesia, también te apartas de las personas que Dios podrá usar para fortalecerte, alejándote de las personas que te aman. Además, el estar aislado física o emocionalmente de la gente hará que tengas más tiempo para ensimismarte y profundizar en tu soledad y depresión. Este aislamiento te convierte en la presa perfecta para Satanás, que desea engancharte con todas las "fuentes de consuelo" que no ayudan pero disfrazan el dolor: el alcohol, las redes sociales, el sexo, las drogas, las compras compulsivas, la comida en exceso etc.

La siguiente semana continuarás con el Cuarto Paso Hacia la Sanidad: Hacer Duelo. Durante esta semana busca a Dios en Su Palabra de manera persistente: en proporción a tu tristeza es tu necesidad de Él. Apóyate en los miembros de tu grupo o una confidente madura en Cristo que pueda escucharte y caminar a tu lado durante el proceso.

13. Recita los versículos de memoria en grupos de 2: Hebreos 12:15, Salmo 147:3, Colosenses 3:13 y Lamentaciones 3:22-23.
14. Comparte lo que has trabajado en tu devocional diario de la semana 6. Muestra tu hoja de apuntes a tu grupo.

**Tarea para esta Semana:**

- Repasar Hebreos 12:15, Salmo 147:3, Colosenses 3:13, y Lamentaciones 3:22-23 No hay versículo nuevo esta semana.
- Continuar el devocional diario en la página 76. Esta semana compartirás los agradecimientos específicos que escribiste cada día.
- Contestar la tarea del Capítulo 7 de las páginas 77-84.

² **Rendir**
Mis heridas y amargura a Dios en arrepentimiento.
Efesios 4:31-32

³ **Perdonar**
Perdonar las heridas antiguas y nuevas con la ayuda de Dios.
Colosenses 3:13

¹ **Reconocer**
Lo que hay en mi corazón que pueda contaminarme.
Hebreos 12:15

## DEVOCIONAL DIARIO Semana 7

Esta semana vas a comenzar a escribir una petición de oración y algo por lo cual estás agradecida junto con los pasajes que lees cada día. Si no cabe en este espacio, puedes apuntar en un cuaderno aparte. Lo que agradeces debe ser algo específico y algo diferente cada día, no sólo "Un día nuevo de vida." Lo compartirás la próxima semana.

Tu petición debe ser algo específico en torno a tu corazón y las cosas que has trabajado estas semanas en el manual: perdonar a alguien, sanar de cierta tristeza, vencer la ira, respirar sin dolor etc. No necesariamente tienes que compartirlo la siguiente semana.

**Lunes** _____

Pasaje que leí: _____

Lo que Dios me habló: _____

_____

_____

_____

_____

Agradezco_____

Pido que _____

**Martes** _____

Pasaje que leí: _____

Lo que Dios me habló: _____

_____

_____

_____

_____

Agradezco_____

Pido que _____

**Miércoles** _____

Pasaje que leí: _____

Lo que Dios me habló: _____

_____

_____

_____

_____

Agradezco_____

Pido que _____

**Jueves** _____

Pasaje que leí: _____

Lo que Dios me habló: _____

_____

Agradezco _____ Pido que _____

**Viernes** _____

Pasaje que leí: _____

Lo que Dios me habló: _____

_____

_____

_____

_____

Agradezco_____

Pido que _____

**Sábado** _____

Pasaje que leí: _____

Lo que Dios me habló: _____

_____

_____

_____

_____

Agradezco_____

Pido que _____

**Domingo** _____

Pasaje que leí: _____

Lo que Dios me habló: _____

_____

_____

_____

_____

Agradezco_____

Pido que _____

# *CAPITULO* **7** Hacer Duelo

> Oración de la semana: Pídele a Dios que derrame en abundancia el consuelo que sólo Él puede darte y el bálsamo que necesita tu corazón. *He aquí que yo les traeré sanidad y medicina; y los curaré, y les revelaré abundancia de paz y de verdad.* Jeremías 33:6

*Por alguna extraña razón, la gente evita a las personas tristes, y nunca sabe qué* decirles. Cuando alguien está viviendo una gran perdida o ha ocurrido una tragedia, es muy común que las personas a su alrededor no sepan cómo ayudar ni consolarle. Aunque amen a la persona y tengan buenas intenciones, generalmente terminan por tratar de apurar al ser querido para "que ya no esté triste." Eclesiastés 3 habla de los tiempos prescritos para actividades en la vida y menciona específicamente el luto: *Todo tiene su tiempo, y todo lo que se quiere debajo del cielo tiene su hora...tiempo de llorar, y tiempo de reír; tiempo de endechar, y tiempo de bailar.* (v.1,4). El propósito de este capítulo es tomar el tiempo de duelo y no omitir un paso importante de la pérdida.

Orfebre y alfarero has sido para mí,
cual barro yo llegué a ti...
vasija quebrada hiciste de mí,
y empezaste a reconstruir.
Yo sé que quieres hacer
una obra preciosa con mi ser,
hasta el día en que puedas ver
tu rostro reflejado en mí,
continua trabajando, yo confío en ti...
A veces tu obra ha traído dolor,
primero el torno y luego el calor,
pero yo confío en ti, mi Señor,
orfebre y alfarero del amor.
Orfebre y Alfarero, por María Luisa Moreno[1]

*Duelo: Proceso que tiene lugar ante una pérdida irreparable o devastadora*

## El proceso del Duelo

Dios nos creó con una gran gama de emociones, tanto negativas como positivas. El sentirlas es natural, es común a todos los seres humanos. La tristeza tiene su lugar; cuando perdemos algo sentimos tristeza, cuando hicimos algo que estuvo mal, también sentimos tristeza. Con frecuencia reprimimos las emociones porque no podemos procesarlas. De acuerdo a la magnitud del amor que sentimos por lo que perdimos es la magnitud de la tristeza. No te permitas despreciar la magnitud de tu desolación ignorándola, es un proceso de duelo. La tristeza tiene un propósito.

## Pregunta para compartir juntas

1. ¿Qué has perdido? ¿Qué no has llorado aún? _____
_____
_____

## Cómo Endechamos las Pérdidas:

El propósito del duelo es encontrar consuelo en Cristo. Hay una diferencia entre llorar desconsoladamente y hacer duelo. La palabra *endechar* hace referencia a un triste lamento relacionado con el fallecimiento de alguien o alguna calamidad o desgracia. No todos hacen duelo de la misma manera, las personas pueden pasar por gran variedad de emociones. No hay un orden específico de cómo procesar una pérdida. Con frecuencia se viven varias emociones a la vez: enojo, tristeza, depresión, ánimo, indiferencia, desesperación, tranquilidad, agonía. La persona que está de luto podrá pasar de la tranquilidad a la rabia y volver a tener ánimo de nuevo. El perder a un ser querido deja un hueco irremplazable, y siempre dolerá; no es algo que se "supera;" pero no debe de significar una tristeza aplastante por el resto de tu vida. Dios está allí para fortalecerte y consolarte durante el tiempo de duelo.

El perder algo intangible también produce una tristeza profunda. Es más difícil para la gente pesar el valor de algo intangible (cómo la pérdida de valor después de una violación o la pérdida de seguridad después de un ataque, o la pérdida de confianza ante la traición) ya que existe menos comprensión de la tristeza que ahoga a una persona que ha sufrido este tipo de pérdida. Por esa razón no debemos comparar nuestro duelo con el duelo de otros, cada persona procesa su tristeza de manera diferente. Sin embargo, la persona que lo hace en los brazos de Cristo sana de manera permanente. Dios mismo entiende lo que es perder algo muy amado: tú y yo hemos huido de Él y anhela tenernos de regreso en Sus brazos. **Llora tu pérdida con la Biblia abierta.**

---

### Repasa el versículo de memoria:

Por la _____ de Jehová _____,
porque nunca _____. Nuevas son_____
_____fidelidad. Lam. ____:____-____

---

**2. Para cada tormenta hay que buscar consuelo y fortaleza.** Anota en los espacios los pasajes de la Biblia que Dios te ha dado durante tus pruebas, y escribe en el cuadro a la derecha lo que Dios ha hablado a tu corazón. Este tipo de lista es de gran consuelo durante el duelo. Ya hemos puesto algunos de nuestros versículos favoritos:

| *Pasaje* | *Consolación* |
| --- | --- |
| **Salmo 37:7,24.**<br>*Guarda silencio ante Jehová, y espera en él. No te alteres con motivo del que prospera en su camino, por el hombre que hace maldades... Cuando el hombre cayere, no quedará postrado, porque Jehová sostiene su mano.* | *Ej: Dios sabe lo que necesito, Él me está sosteniendo. Esperaré en Él.* |
| **Salmo 42:2-3,11**<br>*Mi alma tiene sed de Dios, del Dios vivo; ¿Cuándo vendré, y me presentaré delante de Dios? Fueron mis lágrimas mi pan de día y de noche, mientras me dicen todos los días: ¿Dónde está tu Dios?... ¿Por qué te abates, oh alma mía, y por qué te turbas dentro de mí? Espera en Dios; porque aún he de alabarle, Salvación mía y Dios mío.* | |
| **Salmo 73:2-3**<br>*En cuanto a mí, casi se deslizaron mis pies;*<br>*Por poco resbalaron mis pasos. Porque tuve envidia de los arrogantes, viendo la prosperidad de los impíos.* | |
| **Filipenses 2:3-4**<br>*Nada hagáis por contienda o por vanagloria; antes bien con humildad, estimando cada uno a los demás como superiores a él mismo; no mirando cada uno por lo suyo propio, sino cada cual también por lo de los otros.* | |
| **2 Corintios 4:7-9**<br>*Pero tenemos este tesoro en vasos de barro, para que la excelencia del poder sea de Dios, y no de nosotros, que estamos atribulados en todo, mas no angustiados; en apuros, mas no desesperados; perseguidos, mas no desamparados; derribados, pero no destruidos* | |
| **1 Juan 4:18-19**<br>*En el amor no hay temor, sino que el perfecto amor echa fuera el temor; porque el temor lleva en sí castigo. De donde el que teme, no ha sido perfeccionado en el amor. Nosotros le amamos a él, porque él nos amó primero.* | |

| | |
|---|---|
| **2 Corintios 4:18**<br><br>*No mirando nosotros las cosas que se ven, sino las que no se ven; pues las cosas que se ven son temporales, pero las que no se ven son eternas.* | |
| **Lamentaciones 3:18-22**<br><br>*Y dije: Perecieron mis fuerzas, y mi esperanza en Jehová. Acuérdate de mi aflicción y de mi abatimiento, del ajenjo y de la hiel; lo tendré aún en memoria, porque mi alma está abatida dentro de mí; esto recapacitaré en mi corazón, por lo tanto esperaré. Por la misericordia de Jehová no hemos sido consumidos, porque nunca decayeron sus misericordias.* | |
| | |
| | |
| | |
| | |

3. ¿Cuál es la emoción (o las emociones) que actualmente estás viviendo en relación a tu pérdida?

_____

_____

_____

## El Hubiera y El Por Qué

Dos grandes estorbos en el proceso de duelo son el "hubiera" y el "¿por qué?" Estos te mantienen sumida en la depresión. El "hubiera" es un ancla que te amarra al pasado y no te deja continuar con tu vida. Es una mentira del enemigo diseñada para evitar que sanes y que puedas vivir sin dolor. El "por qué" es la pregunta más frecuente que se hace después de una pérdida o un trauma. Es normal que la hagamos. Pero es probable que la respuesta a esta pregunta no la tendremos hasta ver a Dios cara a cara. Es la misma pregunta que Job hizo muchas veces; la respuesta la encontró en la presencia de Dios. Sólo produce frustración meditar en el "hubiera" y el "por qué".

4.  ¿Por qué a mí? ¿Por qué lo permitió Dios? ¿Por qué pasó así? ¿Por qué...? Escribe los "por qués" que has dicho y dices aún: _____

_____

_____

*"De vez en cuando llora amargamente la vida que pensabas tener. Endecha las pérdidas. Luego, lava tu cara. Confía en Dios. Y abraza la vida que tienes." ~John Piper[2]*

## La Tristeza es la Emoción, El Duelo es la Acción

- No hagas el duelo sola. La tristeza es física y emocionalmente desgastante. Eclesiastés dice que es mejor dos que uno, porque si uno cae el otro estará allí para levantarlo. (Ec. 4:9-10). Busca a una persona madura en Cristo que te acompañe durante los días o meses de tu duelo.

- Cuando aumente tu ira, trátala. Sal a caminar, canta, haz ejercicio, trabaja en el jardín, ayuda a otros, memoriza Salmo 37. Arrepiéntete de tu ira y entrégalo todo a Dios. Él hará justicia, Él sanará tu herida.

- Llora. En un lugar seguro, a solas con Dios y tu Biblia, endecha lo que pudo ser, lo que ya no tienes, lo que te robaron y deja fluir las lágrimas.

## Enderezar los Lugares Torcidos

Cuando el Señor nos dice en Su Palabra: *Yo iré delante de ti y enderezaré los lugares torcidos, quebrantaré puertas de bronce y cerrojos de hierro haré pedazos*, (Isaías 45:2), se pudiera pensar que va a retirar de nuestro paso aquello que nos obstaculiza avanzar; y ciertamente así será, pero no desde nuestra perspectiva humana sino de la divina. Enderezar implica remover obstáculos. La promesa de quebrantar puertas de bronce y cerrojos de hierro hacer pedazos ¿qué representa? ¿Cuánto pesa el bronce? ¿Y los cerrojos de hierro? ¿De qué manera hace Dios esto?

Podemos interpretarlo alegremente como "El Señor me allanará el camino, me lo hará más fácil," pero ¿qué sucede cuando nada se hace más sencillo y ese *enderezar* implica una intervención, no en nuestras circunstancias, sino en los lugares torcidos de nuestra alma? Aquellos que no queremos entregar, aquellos que insisten en aferrarse a algo o a alguien que no tiene nada que ver con el propósito que Dios tiene para nosotros.

*Enderezar*, según el diccionario, se define como *poner derecho algo que está inclinado y torcido...* es sinónimo de *destorcer, alzar, erguir, incorporar, encausar, encarrilar o encaminar*. ¿Cómo lo va a hacer Dios? Él, en Su sabiduría, no siempre nos lo hará saber, pero nos acompañará en medio del proceso doloroso que pueden incluir las pérdidas de diversos tipos, los desengaños y la aflicción. Este proceso puede producir en ti un sentimiento de perplejidad y hasta de abandono, tal vez puedas exclamar: ¿Por qué así Señor? ¿No prometiste enderezar los lugares torcidos? Y en medio del silencio de tu dolor el Señor te susurra: "Lo estoy haciendo, confía en mí; es para tu bien y para Mi gloria."

Para nuestro enorme consuelo dice más adelante en Isaías 45:3, *Y te daré los tesoros escondidos y los secretos muy guardados para que sepas que yo soy Jehová, el Dios de Israel que te pongo nombre.* Nada es en vano, el proceso vale la pena. Cada prueba, cada aflicción tomada de Su mano y leyendo Su Palabra te llevará a un conocimiento aún más profundo de la veracidad de Sus promesas, de Su amor, Su misericordia y Su fidelidad. Esos son los verdaderos tesoros que Dios te ofrece. ¡Ánimo! Dios no te dejará jamás con un puñado de cenizas por respuesta, ten la seguridad de ello; confía en Su soberanía y continúa avanzando en tu proceso de restauración. ~ *Luisa Moreno*

## *Respirar sin Dolor*

El duelo empieza a quedar atrás cuando podemos respirar sin dolor y nuestras preguntas cambian de "¿por qué?" a un "¿cómo? y ¿qué?" y "¿para qué?": ¿Cómo llego a vivir de manera normal otra vez? ¿Cómo sano de mi depresión? ¿Cómo dejo de sentir enojo? ¿Qué puedo aprender de Dios en esta situación? ¿Qué debo hacer ahora? Dejamos de estar mirando atrás al pasado y comenzamos a mirar hacia el futuro. Estas preguntas sí tienen respuesta, y requieren de acción de nuestra parte.

5. Convierte tus preguntas en algo más constructivo, pasa del "¿por qué?" a preguntar "¿cómo?" y "¿qué?". ¿Puedes pensar en otras preguntas que te ayudarán a mirar hacia el futuro y ver qué está haciendo Dios en tu vida?_____

_____

_____

6. Escribe la consolación que Dios te ha dado por medio de las Escrituras en estas semanas:

_____

_____

_____

○→Mira a Dios.
Búscalo
aunque no lo
sientas

○→Reconoce
las mentiras
que has
creído

○→Sana los
recuerdos
dolorosos

○→Haz duelo.
Endecha tu
pérdida.
Pregunta ¿Cómo?

²Rendir

Mis heridas y
amargura a Dios en
arrepentimiento.
Efesios 4:31-32

³Perdonar

Perdonar las heridas
antiguas y nuevas con
la ayuda de Dios.
Colosenses 3:13

1
Reconocer

Lo que hay en mi
corazón que pueda
contaminarme.
Hebreos 12:15

# CÓMO AYUDAR A UNA PERSONA EN DUELO

1. Nunca le digas "Ya pasaron muchos años, ya supéralo."

2. A veces sentarte a su lado en silencio es lo mejor que puedas hacer. No hay palabras que lo puedan consolar. Y si hablas, es muy probable que lo hieras más.

3. Todos desean que la persona triste "se sienta bien" pero lo que más necesita esa persona es tiempo y comprensión. No apresures su periodo de luto.

4. La persona tiene un deseo profundo de encontrar alguna razón o propósito en su pérdida: eso lo encontrará en Dios. Lo mejor que puedes hacer por ella es dirigirla a Cristo y orar.

5. No evites hablar del tema, ni actúes como si nada hubiera pasado. Al tocar el tema con sinceridad y cuidado ayudarás a la persona a hablar un poco acerca de su tristeza y procesarla contigo en un ambiente seguro.

6. La persona tiene preguntas acerca de la soberanía de Dios y el amor de Dios en medio de una situación inexplicable. Si no tienes las respuestas, no inventes algo "consolador." Dios no necesita tu ayuda, Él tiene las respuestas en Su Palabra. No cambia Dios, y al escudriñar las Escrituras encontrarás las respuestas a esas preguntas difíciles.

7. En ocasiones la persona siente que soltar la pérdida y "continuar con su vida" es una deslealtad a la persona que perdió. No está soltando la pérdida, está aprendiendo a vivir con su pérdida y encontrar gozo en Dios.

Repasa el versículo de memoria:

_____ y venda sus heridas. Sal. 147:3

## Testimonio de una Mujer Esclava del Temor

Cuando era muy niña el temor comenzó a amenazar mi alma, un sentimiento de un gran vacío me invadía, temor, miedo y angustia atormentaban mi vida. Durante mi juventud y niñez fue creciendo ese sentimiento, aunando al rechazo que experimenté de algunas personas importantes para mí. La preocupación, el estrés y los fracasos financieros fueron los medios por los cuales el enemigo se encargó de alimentar mi temor con sus mentiras y engaños. Perdí muchas oportunidades valiosas, muchas bendiciones que Dios tenía para mí, y aun siendo cristiana, caí en los engaños y dejé mi ministerio, completamente hundida en mi temor. La tristeza me ahogaba, sentía que le había fallado a mi Dios.

Pero Él me ha mostrado que no me ha dejado nunca, todo lo contrario, está haciendo cosas grandes y al haberme permitido participar en el estudio, el avanzar en el conocimiento de Su verdad me hará libre. Hoy traigo a los pies del Señor el arrepentimiento por haberme rendido ante el miedo, por haber permitido que el temor me atrapara, y robara mi fe y paz. En la confianza plena de que Dios me ha perdonado, elijo la fe y el amor de Dios. *Confía en el Señor con todo tu corazón*, Prov.3:4.

Sé que apenas estoy dando los primeros pasos en el camino a la libertad, pero el Señor en Su infinita bondad ha tenido misericordia de mí porque he clamado y Él me ha respondido con grades promesas como: *Clama a mí y yo te responderé, y te enseñaré cosas grandes y ocultas que tú no conoces*, Jeremías 33:3. *Pero los que esperan en Jehová tendrán nuevas fuerzas, levantarán alas como las águilas, correrán y no se cansarán, caminarán y no se fatigarán.* Isaías 40:31. *Porque yo Jehová soy tu Dios, quién te sostiene de tu mano derecha, y te dice: No temas yo te ayudaré.* Isaías: 41:13. *Levántate y resplandece, porque ha venido tu luz y la gloria de Jehová ha nacido sobre ti.* Isaías 60:1. ~María C.

**7.** Cita los cuatro versículos de memoria y muestra la página de la lectura diaria de la Biblia en tu grupo. Comparte la manera en que Dios se ha mostrado cercano y real a ti mediante la lectura de Su Palabra.

## Tarea para esta Semana:

- Repasar Hebreos 12:15, Salmo 147:3, Colosenses 3:13, y Lamentaciones 3:22-23. **Memoriza Gálatas 5:1.**

- Continuar el devocional diario en la página 85. Cada semana hay actividades nuevas en las instrucciones.

- Contestar la tarea del Capítulo 8 de las páginas 87-94. Y si es tu caso, también la sección dedicada al matrimonio, Cambio de Hábitos en la página 86.

> El versículo de memoria:
> Estad, pues, firmes en la libertad con que Cristo nos hizo libres, y no estéis otra vez sujetos al yugo de esclavitud. **Gálatas 5:1**

## DEVOCIONAL DIARIO Semana 8

Esta semana estarás utilizando otra herramienta para tu estudio de la Palabra de Dios: comparación de versiones.

1. Visita la página de www.BibleGateway.com en tu teléfono celular o computadora y escribe **Gálatas 5:1** en el espacio de búsqueda. En la opción de versión podrás ver "RVR1960" que es la versión Reina Valera actualizada en 1960 (la versión más utilizada en Latinoamérica).

2. Debajo del versículo está la opción de *ver todas las traducciones en español* (see in all Spanish translations). Al seleccionar esa opción podrás ver el mismo versículo traducido de varias formas. Esto añade riqueza a la comprensión de la Palabra y el provecho que tienes en tu devocional. Otra opción es ver el capítulo completo en una versión paralela (dos traducciones juntas, para comparar). Puedes hacer clic en el ícono en la página:

**Lunes** _____

Pasaje que leí: _____

Lo que Dios me habló: _____

_____

_____

_____

_____

Agradezco_____

Pido que _____

**Martes** _____

Pasaje que leí: _____

Lo que Dios me habló: _____

_____

_____

_____

_____

Agradezco_____

Pido que _____

**Miércoles** _____

Pasaje que leí: _____

Lo que Dios me habló: _____

_____

_____

_____

_____

Agradezco_____

Pido que _____

**Viernes** _____

Pasaje que leí: _____

Lo que Dios me habló: _____

_____

_____

_____

_____

Agradezco_____

Pido que _____

**Sábado** _____

Pasaje que leí: _____

Lo que Dios me habló: _____

_____

_____

_____

_____

Agradezco_____

Pido que _____

**Domingo** _____

Pasaje que leí: _____

Lo que Dios me habló: _____

_____

_____

_____

_____

Agradezco_____

Pido que _____

**Jueves** _____

Pasaje que leí: _____Lo que Dios me habló_____

_____

Agradezco _____ Pido que _____

# EN EL MATRIMONIO: UN CAMBIO DE HÁBITOS

En el matrimonio también desarrollamos hábitos donde sustituimos a Dios por otros medios para resolver problemas o heridas. El versículo que más se ha aplicado de manera incorrecta al matrimonio es "no se ponga el sol sobre vuestro enojo," (Ef. 4:26) y conduce a parejas desveladas y cansadas que no llegan a resolver su problema. Es una interpretación incorrecta, porque realmente habla de tratar con tu propio enojo en el mismo día (como vimos en el Capítulo 3) pero no dice "no se ponga el sol en el conflicto." Muchas veces es mejor que descansen las dos partes y retomen el problema el siguiente día cuando cada uno haya buscado a Dios en Su Palabra y Dios le haya revelado lo que hay en su corazón. A continuación hay una lista de errores o malos hábitos y una lista de consejos:

| ERROR | CONSEJO |
|---|---|
| • Tratar de solucionar un argumento cuando estás muy enojado | ✓ Reconozcan que "estamos enojados" y que necesitan dormir bien primero. Busquen a Dios cada quien aparte y retomen el asunto al siguiente día. |
| • Decir lo que estás pensando en el calor del momento. Sólo conduce a mayores heridas. | ✓ Es bueno ir a caminar cuando estás muy enojado y ponte a orar un tiempo. Vuelve a tratar el tema cuando te hayas calmado. |
| • Decir "siempre" o "nunca" durante una discusión. | |
| • Azotar puertas, o cosas. Sólo aumenta la tensión y aunque la persona que expresa su ira al azotar cosas se siente mejor, la otra parte tiene miedo o mayor enojo. | ✓ Digan mejor "muchas veces" en lugar de "siempre." "Pocas veces" en lugar de "nunca." Es más certero. |
| • Aplicar la Ley de Hielo: e ignorar a la otra persona o no hablarle. | ✓ Pídanle consejo como pareja a un matrimonio sabio en lugar de una de tus amistades. |
| • Buscar el consejo de una amiga o un amigo en lugar del consejo de Dios. | ✓ Tomen una pausa, o hagan una tregua para tratarlo más tarde cuando cada quien haya buscado a Dios y se hayan calmado. |
| • Negar hacer los deberes que te corresponden: no hacer los quehaceres, no dar el dinero del gasto, no apoyar en lo que se necesita, no tener relaciones sexuales cuando no existe impedimento. | ✓ Traten el conflicto cuando no estén sus hijos presentes. Y al resolverlo, asegúrense de hacerlo saber a sus hijos para que vean el proceso sano de resolución de problemas en un matrimonio. |
| • Reírte cuando tu pareja está manifestando sus quejas. Sean o no tontas sus quejas, sólo alargarás el conflicto. | ✓ Eviten retomar todos los errores del pasado porque no ayudará a resolver el problema y lo prolongará. ¿No los habías perdonado anteriormente? |
| • Negarte a tratar el asunto. Aferrarte a tu razón y no estar abierto a que la otra parte tenga razón | ✓ Evita criticar o hablar mal de su familia |

# *CAPITULO* **8** Fuentes de Consuelo

> Oración de la semana: Pídele a Dios que Él se convierta en tu fuente de consuelo. *"Dos males ha hecho mi pueblo: me dejaron a mí, fuente de agua viva, y cavaron para sí cisternas, cisternas rotas que no retienen agua." Jer. 2:13*

*Nadie que es liberado de la esclavitud piensa volver nuevamente a la esclavitud. Sin* embargo, ocurre con demasiada frecuencia que los cristianos reciben a Cristo gozosos y comienzan a andar en su libertad en el Espíritu, y con el paso del tiempo se convierten nuevamente en esclavos. Nos preparamos mentalmente para las grandes batallas de la fe, donde caminamos sobre las aguas y Él nos sustenta; son los momentos más agonizantes y dulces de nuestro andar con Cristo, aferrados a Él, abrazados por Él. Pero donde perdemos la guerra es en las pequeñas batallas del día a día.

Es en el día a día cuando comienza a perder su filo nuestra espada, y donde dejamos la armadura porque "sólo es para las grandes batallas." El enemigo es más peligroso cuando el cristiano está relajado y todo le va bien: allí comienza a robarle terreno, a cercarlo y fortalecerse dentro del territorio mismo del cristiano. En el próximo capítulo veremos la esclavitud más a fondo, primero es importante entender cómo comienza todo. Antes de llegar a la esclavitud comienza una secuencia de deslices inconscientes. Se resume todo sencillamente en sustituir a Dios: formamos hábitos donde sustituimos a Dios por otras fuentes de consuelo.

---

### Repasa el versículo de memoria:

Estad, pues, firmes en la _____ con la que _____ nos hizo libres, y no estéis, otra vez sujetos al _____ de la _____. Gálatas 5:1

---

## ¿Qué es una fuente de consuelo?

Una fuente de consuelo es una actividad que es agradable para ti y que no necesariamente es un pecado, pero se vuelve fuente de consuelo cuando recurres a ello *antes* de recurrir a Dios. Un ejemplo sería cuando sientes que lo que más necesitas después de un día difícil en el trabajo es un chocolate, y con ese chocolate calmas tu frustración y puedes disfrutar el resto de la tarde. En sí lo que has hecho es simplemente distraerte de la raíz de tu frustración, y también asociar chocolate con consuelo, y recurrirás más y más a solucionarlo de esa manera. Realmente lo preferible es regresar a casa orando durante el viaje (si vas sola, en voz alta) y descargar tu frustración y cansancio en los brazos de Dios. Después, podrás disfrutar del chocolate con una paz verdadera porque encontraste consuelo e incluso fuerza y dirección en Dios.

Cuando la fuente de consuelo se vuelve lo único que te podrá producir gozo, paz o descanso entonces te has vuelto esclava de aquello que lo produce. ¿No es tan sencillo verdad? Primero, deberás analizar si tienes tus prioridades en orden (en base a las relaciones de mayor permanencia en nuestra vida).

## Analiza tu día: ¿Con qué te llenas?

Escribe la letra o frase que corresponda con lo que tú haces en las diferentes situaciones:

| | |
|---|---|
| 1. Cuando estoy muy estresada _____ _____ | **a)** Me tomo una pastilla |
| | **b)** Pongo una serie o película |
| 2. Cuando tengo mucha ansiedad_____ _____ | **c)** Escucho música |
| | **d)** Canto, chiflo o bailo |
| 3. Cuando estoy triste _____ _____ | **e)** Hago ejercicio o deporte |
| | **f)** Me tomo un refresco |
| 4. Cuando me he peleado con alguien _____ _____ | **g)** Le hablo a una amiga o mi esposo |
| | **h)** Como algo salado |
| 5. Cuando estoy aburrida _____ _____ | **i)** Como algo dulce |
| | **j)** Tomo un café o té etc. |
| 6. Cuando tengo miedo _____ _____ | **k)** Azoto cosas |
| | **l)** Me duermo |
| 7. Cuando estoy muy cansada_____ _____ | **m)** Salgo a caminar o correr |
| | **n)** Veo las redes sociales |
| 8. Cuando me siento vacía _____ _____ | **o)** Voy de compras |
| | **p)** Salgo a pasear a un centro comercial |
| | **q)** Juego un video juego |
| | **r)** Hago quehaceres o trabajo |
| | **s)** Me aíslo |
| | **t)** Otro |

Es de suma importancia subrayar que estas actividades no son un pecado. No es malo comer algo delicioso después de una jornada de trabajo difícil. Pero cuando recurrimos siempre a una de estas actividades **en lugar de** o **antes de** presentar nuestras cargas a Dios, con el fin de anestesiar nuestro enojo, ansiedad, tristeza o dolor, comenzamos a deslizarnos en hábitos que nos llevan a perder terreno ante el enemigo y apartarnos de Dios.

## *El Orden de Prioridades*

Dios es un Dios de orden, en Sus principios no hay confusión ni anarquías; así lo observamos en Su creación: Él le da a cada acontecimiento su espacio, su lugar y su tiempo. De la misma manera, Dios ha establecido prioridades para nuestra relación con Él, con Su iglesia, nuestra familia y nuestro trabajo, atender a estos principios es obedecer Su voluntad.

1. **Dios**. Él siempre debe ser primero. Esto implica tiempo a solas con Dios en la Biblia y las conversaciones con Él. Sin embargo, servir en la iglesia o tener un ministerio NO es pasar tiempo con Dios, el servicio nunca reemplazará la intimidad con Él.

2. **Tu esposo**. Él debe ser tu segunda prioridad debido a que "no son ya más dos, sino una sola carne." (Mt. 19:6) aún por encima de los hijos, ya que estos crecerán y se irán y te quedarás sola con tu esposo. Es importante mencionar que el novio o la novia no se consideran en este punto de prioridades.

3. **Tus hijos y tus padres**. Tus hijos son una encomienda de Dios y rendirás cuentas a Él de la manera en que los criaste. Ellos deberán llegar a Cristo gracias a *tu* enseñanza, no por la escuelita dominical. Tus padres y el resto de la familia no pueden ser más importantes, ni requerir más de tu tiempo que tu esposo o tus hijos.

4. **Tu trabajo.** Si bien es cierto que tu trabajo es tu fuente de sustento y es importante porque es parte de tu testimonio, el ejemplo de un cristiano en la vida real, bajo presiones reales, y el lugar donde puede evangelizar, pero el trabajo no debe tener más prioridad que tu esposo o tus hijos. Requiere de mucho esfuerzo priorizar a la familia por encima del trabajo y organizarse adecuadamente para evitar robar tiempo a los momentos de convivencia familiar, para ocuparlos trabajando.

5. **El Ministerio.** Tu servicio en la iglesia **no** es más importante que tu trabajo. En algunas iglesias los líderes religiosos exigen servicio voluntario a las personas a costa de su trabajo. El ministerio no es algo que se pueda exigir, además de que es muy fácil confundirlo con una relación con Dios y permitir que abarque todo nuestro tiempo. Tu relación cercana con Dios produce un ministerio de servicio sincero. Podemos engañarnos pensando que al servir en la iglesia estamos "buscando a Dios," pero no es así. Un ejemplo puede ser: El servir en la iglesia y dejar encargados a los hijos pequeños cada semana podría ser un indicador de que tus prioridades están fuera de órden.

6. **Todo lo demás.** Lo que sea que consideremos importante deberá ir en este lugar, después de Dios, el esposo, los hijos, el trabajo y el ministerio. Cada prioridad se basa en son órden de permanencia, desde lo más permanente (Dios) hasta lo menos permanente (por ej. amistades).

Repasa el versículo de memoria:

Por la _____ no hemos sido consumidos, porque _____

sus misericordias. Nuevas_____; grande es _____

_____. Lamentaciones: _____: _____-_____

## Analiza tus prioridades:

**9.** ¿Tienes tus prioridades fuera de orden? ¿Cuáles, y por qué? _____

_____

**10.** Escribe acciones concretas que tomarás para ordenar tus prioridades No digas "pasar más tiempo con mis hijos" sino, "apagar mi celular a las 8:00 pm para estar con mis hijos".

_____

_____

_____

**Lee Jeremías 2:13:**

*"Dos males ha hecho mi pueblo: me dejaron a mí, fuente de agua viva, y cavaron para sí cisternas, cisternas rotas que no retienen agua."*

**11.** ¿Cuáles son los dos males? _____ y _____

**12.** ¿Cuánta agua tiene la cisterna rota? _____

**13.** ¿Qué actividades realizas que no te llenan y te dejan sintiéndote vacío? _____

_____

_____

**14.** ¿De qué maneras concretas podrías dejar a Dios, fuente de agua viva? (Ej. Dejar de orar)

_____

_____

_____

_____

Repasa el versículo de memoria:

Soportándoos _____, y _____ unos a otros si

alguno tuviere _____ contra otro. De la manera que _____ os perdonó, así

también _____ vosotros. Colosenses ___:13

## *Sustituir Hábitos*

En realidad todas estas fuentes de consuelo son simplemente deseos carnales. Nunca lograrás satisfacer por completo la necesidad constante que tienes al participar de ellas. Si acudes a Dios primero y tratas la raíz de tu frustración, tristeza o ansiedad, no crearás una dependencia en consuelos carnales. Tu fortaleza vendrá de la oración que hiciste al llegar cansada a la casa, no de la película que te ayudará a olvidar tu día. Después de una semana desmoralizante, tu gozo vendrá de Cristo y no de estrenar una prenda nueva. Tu claridad mental vendrá del tiempo que pasaste repasando tu devocional y será mucho más eficaz que pasar una hora hablando por teléfono con una de tus amistades. Al tratar tus pequeñas cargas con Dios, no te volverás dependiente de otras cosas, e incluso tu necesidad de consuelos carnales disminuirá, y disfrutarás mucho más todo porque no estarás vacía, sino completa en Él.

Jesús dijo en Juan 6:63, "El espíritu es el que da vida; la carne para nada aprovecha." El Rey Salomón también habla del vacío de tener todo lo carnal: Agasajó su carne con vino, edificó para sí casa, y se hizo huertos y jardines, tenía incluso un bosque. También tuvo siervos, ganado, montones de oro y plata. Fue famoso y respetado en todo, y no se negó nada de lo que sus ojos miraban. Sin embargo termina diciendo que "todo era vanidad y aflicción de espíritu y sin provecho debajo del sol," (Ec. 2:1-12).

**Lee Gálatas 5:16-17**: "Andad en el Espíritu, y no satisfagáis los deseos de la carne. Porque el deseo de la carne es contra el Espíritu, y el del Espíritu es contra la carne; y éstos se oponen entre sí, para que no hagáis lo que quisieres."

**15.** ¿Qué es lo opuesto de satisfacer los deseos de la carne? _____

## *Formar Hábitos Mediante el Dominio Propio*

Al igual que el perdón, el dominio propio es algo que Dios produce en nosotros. El deseo de la carne es querer conservar los hábitos que sustituyen nuestra relación con Dios. Es negar que Cristo sea suficiente en nuestra vida. Entre más satisfagamos la carne, más dominio tendrá sobre nosotros. En lugar de alimentar los deseos de la carne, debemos de alimentar al espíritu. Jesucristo basta, no necesitamos más.

*Todas las cosas me son lícitas, mas no todas convienen; todas las cosas me son lícitas, mas yo no me dejaré dominar de ninguna. 1 Corintios 6:12*

**Reconoce.** "No necesito_____. Jesucristo es suficiente."

**Rinde ante Dios:** "Ayúdame a dejar este hábito y que el Espíritu domine en mi vida."

**16. Oración:** _____

_____

_____

Repasa el versículo de memoria:

_____ pues firmes_____ con que _____ os hizo _____,
y no estéis _____ sujetos _____. Gálatas 5: ____

## Volver a la Fuente

Escribe tus hábitos o fuentes de consuelo en la primera columna, y la sustitución que harás en la siguiente columna.

| | |
|---|---|
| **17.** | |
| **18.** | |
| **19.** | |
| **20.** | |

## La Plenitud en Él

¿Notaste que en la columna de la derecha siempre estaba Dios? Es porque la respuesta a todas las cargas, molestias, temores y necesidades que tienes está en orar y buscarle a Él. Cada persona está completa en Él. Es el Espíritu que te dará una nueva perspectiva, y aunque tengas a tu alcance todo deleite para tu carne, no te dominará. Esa misma plenitud en ti hará que veas por los demás, y podrás compartir lo que tienes con los demás, porque estarás plena. Ya no necesitarás llenarte de compras, o comida y amistades ni ser el centro de atención porque estarás completa en Cristo sin que te falte nada.

[2] **Rendir**
Mis heridas y amargura a Dios en arrepentimiento.
Efesios 4:31-32

[3] **Perdonar**
Perdonar las heridas antiguas y nuevas con la ayuda de Dios.
Colosenses 3:13

[1] **Reconocer**
Lo que hay en mi corazón que pueda contaminarme.
Hebreos 12:15

## La Verdad Te Hará Libre

Para cada ansiedad o tristeza, hay respuesta en Dios. La Biblia está llena de promesas y verdades que nos guían a encontrar la plenitud en Él. Une el versículo que corresponda con cada situación que podrías experimentar (algunos versículos tienen varias aplicaciones):

| Carga | Versículo |
|---|---|
| Tristeza _____ | 1. Todo hombre sea pronto para oír, tardo para hablar, tardo para airarse. Santiago 1:19 |
| Miedo _____ | 2. Venid a mí todos los que estáis trabajados y cargados, y yo os haré descansar. Mateo 11:28 |
| Ansiedad, preocupación _____ | 3. Jehová es mi luz y mi salvación; Jehová es la fortaleza de mi vida ¿de quién he de atemorizarme? Salmo 27:1 |
| Desánimo _____ | 4. ¿A quién tengo yo en los cielos sino a ti? Y fuera de ti nada deseo en la tierra. Salmo 73:25 |
| Soledad _____ | 5. ¿Por qué te abates, oh alma mía, y te turbas dentro de mí? Espera en Dios; porque aún he de alabarle, salvación mía y Dios mío. Salmo 42:5 |
| Enojo _____ | 6. Hubiera yo desmayado, si no creyese que veré la bondad de Jehová en la tierra de los vivientes. Salmo 27:113 |
| Cansancio _____ | 7. Por nada estéis afanosos, sino sean conocidas vuestras peticiones de delante de Dios en toda oración y ruego, con acción de gracias. Filipenses 4:6 |
| Deseo de comer o beber ___ | 8. Cercano está Jehová a todos los que le invocan, a todos los que le invocan de veras. Salmo 145:18 |
| Deseo de comprar ____ | 9. Escrito está: No sólo de pan vivirá el hombre, sino de toda palabra de Dios. Lucas 4:4 |

### Repasa el versículo de memoria:

_____ pues, _____ en la _____ con que _____ _____ hizo _____,

y no estéis _____ vez sujetos al _____ de _____ Gál. ___:___

Repasa el versículo de memoria:

_____ unos a otros, y _____ unos a otros si _____

tuviere _____ contra otro. _____ que Cristo os perdonó, así también hacedlo

vosotros. C_____ ___:___

## *Todo Cambio Requiere Rendición de Cuentas*

Podremos decidir hacer muchos cambios en la vida, que con el paso del tiempo terminaremos olvidando. Así como los propósitos de Año Nuevo, siempre iniciamos bien, y cuando se tornan difíciles las cosas dejamos nuestras buenas intenciones. Pero no es suficiente reconocer que necesitas cambiar; San Bernardo de Clairvaux[1] dijo que "El infierno está lleno de buenas intenciones y deseos." Por esta razón, necesitas confesar tus luchas con otra mujer cristiana madura, para que ore por ti y te pregunte frecuentemente si estás manteniéndote firme en tus hábitos y tu lectura de la Biblia. La rendición de cuentas es parte de pertenecer al cuerpo de Cristo como iglesia.

21. Toma un tiempo para orar y que Dios te muestre la persona adecuada en quién confiar y a quién rendirle cuentas.

22. Trabaja en grupos de dos, para citar de memoria los **5** versículos aprendidos hasta ahora. No olvides decir la cita correctamente.

23. Muestra la página de devocional y comparte con tu grupo qué tan consistente has sido en la lectura, cómo has vencido la flojera y qué te ha mostrado Dios esta semana.

## Tarea para esta Semana:

- Repasar Hebreos 12:15, Salmo 147:3 y Colosenses 3:13, Lamentaciones 3:22-23 y Gálatas 5:1. **Memorizar Jeremías 17:14.**
- Hacer la tarea del capítulo 9 de la página 100-111, y la sección de matrimonios en la página 96-99, esta sección es más larga que las anteriores.
- Continuar el devocional diario en la página 95, es la clave para la sanidad que estás buscando. Esta semana buscarás sinónimos y significados en un diccionario.

El versículo de memoria:

Sáname, oh Jehová, y seré sano; sálvame, y seré salvo; porque tú eres mi alabanza.

Jeremías 17:14

## DEVOCIONAL DIARIO Semana 9

Esta semana continuarás aplicando otra herramienta de estudio para hacer tu devocional diario. Utiliza un diccionario, ya sea en físico o uno en línea como el Diccionario de la Real Academia Española para conocer el significado de las palabras: www.dle.rae.es. Una palabra tan sencilla como *libertad* tiene mayor profundidad si se investiga su significado. Así, Gálatas 5:1 dice: "Estad, pues firmes en *no ser esclavos y no estar presos* en la libertad con que Cristo os hizo libres," ahora tiene mayor significado.

**Lunes** _____

Pasaje que leí: _____

Lo que Dios me habló: _____

_____

_____

_____

_____

_____

Agradezco_____

Pido que _____

**Martes** _____

Pasaje que leí: _____

Lo que Dios me habló: _____

_____

_____

_____

_____

Agradezco_____

Pido que _____

**Miércoles** _____

Pasaje que leí: _____

Lo que Dios me habló: _____

_____

_____

_____

Agradezco_____

Pido que _____

**Jueves** _____

Pasaje que leí: _____

Lo que Dios me habló: _____

_____

Agradezco _____ Pido que _____

**Viernes** _____

Pasaje que leí: _____

Lo que Dios me habló: _____

_____

_____

_____

_____

_____

Agradezco_____

Pido que _____

**Sábado** _____

Pasaje que leí: _____

Lo que Dios me habló: _____

_____

_____

_____

_____

Agradezco_____

Pido que _____

**Domingo** _____

Pasaje que leí: _____

Lo que Dios me habló: _____

_____

_____

_____

Agradezco_____

Pido que _____

# En el Matrimonio: curar las heridas íntimas

Los recuerdos de heridas pasadas, relacionadas con la vida íntima de la pareja, afectan mucho la estabilidad de una relación matrimonial. El proceso de sanar recuerdos dolorosos es largo y requiere de trabajo, tanto de quien lucha con dichos recuerdos como de su pareja con el objeto de dejar de relacionar el pasado con la intimidad en el presente. Si esta es tu situación, pídele a Dios que sane esos recuerdos y considera buscar apoyo profesional.

1. ¿Qué heridas cargas que te afectan en el área de la intimidad con tu esposo?

_____

_____

2. ¿Qué cosas no has perdonado de tu pareja que están repercutiendo en tu vida sexual? _____

_____

_____

3. ¿Qué situaciones en tu trabajo u hogar estorban el tiempo íntimo con tu esposo? ¿Qué puedes hacer **tú**? (No lo que debería hacer tu esposo, sino enfócate en lo que tú si puedes hacer).

_____

_____

> ¿Tu esposo no es creyente en Cristo? Tu expresión de amor hacia él es parte de tu testimonio. Tu vida hablará más que tus palabras, ponte a cuentas con Dios y dedica tiempo a tu devocional. Así será mucho más bello el tiempo que pases con tu esposo.

## *La Ruptura del Diseño Perfecto*

La relación física entre un hombre y una mujer puede ser tanto algo lleno de gozo pero también una tortura. Como cualquier habilidad, es necesario trabajar para mejorar y aprender. Muchas relaciones se estancan en la intimidad porque una o ambas partes dejan de esforzarse en complacer al otro.

Para una mujer, su deseo de intimidad está vinculado directamente con la percepción emocional que tiene de su marido, y si siente frustración o amargura en contra de su pareja, le será muy difícil recrearse en el amor de su esposo. Su actitud será de frialdad o rechazo, lo cual puede perjudicar seriamente la relación.

Por otro lado, para un hombre, la necesidad de una relación íntima es constante, pero con frecuencia olvida que su esposa requiere de constantes muestras de cariño y afirmación para que ella responda en el momento de intimidad. El mayor deseo de un hombre debe ser que su esposa disfrute la relación íntima al máximo, y que priorice el placer de ella por encima del suyo. Lamentablemente, cuando las parejas comienzan a tener dificultades, se castigan entre sí suspendiendo la relación sexual, cayendo así en el plan del enemigo. Los motivos por los que una pareja suspende su vida sexual pueden ser muy diversos: Existen situaciones médicas o físicas que imposibilitan la relación sexual durante un periodo determinado; puede darse también una abstención temporal y de mutuo acuerdo para buscar a Dios, aunque no muy prologada para evitar caer en tentación (1 Corintios 7:1-5). En el caso de la infidelidad, la parte inocente está devastada emocionalmente y requiere un tiempo prolongado para sanar, esto también puede ser motivo de abstención temporal.

> El punto de la sexualidad no es solamente la relación física, sino tener una profunda intimidad con Dios. ~Rocío Castañeda[1]

# ACTITUDES AMOROSAS QUE FAVORECEN LA INTIMIDAD

| *Esposo* | *Esposa* |
|---|---|
| • Corteja a tu esposa durante el día para despertar su deseo. Aprende lo que le agrada a ella en específico, podrán ser flores, lavar los trastes, una canción, una nota o cuidar los hijos unas horas. Lo que tú consideres "romántico" podría ser algo que a ella no le mueve ni le apasiona. | • No lo castigues negándole la intimidad, ni cuando te enojes con tu marido duermas en una habitación separada. Quitarle las relaciones sexuales no es tu "única arma," Cristo es tu defensor. Trata la situación con él fuera de la recámara primero, después de haber orado fervientemente. |
| • Si tu mujer disfruta la relación íntima, tú también lo disfrutarás más. Busca su placer por encima del tuyo, y su satisfacción antes de la tuya. Pregunta y aprende qué es lo que a ella le agrada. Toma tu tiempo al iniciar contacto con ella y no la apresures, ella necesita más tiempo que tú. | • Sé paciente con tu esposo y enséñale lo que te gusta y no te gusta en una relación física. Cada mujer es diferente y no hay una guía para descifrar tu placer y él necesita descubrirlo contigo. No finjas placer cuando no lo hay, comunica tus necesidades para que lo disfrutes en verdad. |

- Haz que tu mujer se sienta hermosa. Puede sentirse insegura de su aspecto físico y considerar que no es tan deseable como lo que realmente es para ti. Expresa tu deseo de manera continua y creativa.

- Evita andar desarreglada todo el tiempo. Aunque él ya te conoce y te ha visto con tus mejores y peores caras, el hecho de que te arregles exclusivamente para complacerle es muy importante para conservar la chispa.

- Si le ayudas con sus pendientes y quehaceres, estará más contenta de apartar tiempo contigo. Ayúdala a programar un tiempo y despierta su deseo con expresiones de amor romántico varias horas antes.

- Programa un tiempo sin interrupciones dedicado a él. Ya sea enviando a los hijos a dormir temprano, poniendo tu teléfono en silencio o ajustando horas de trabajo. Si te preparas de antemano será mucho más agradable.

- Expresa tu amor de maneras concretas y visibles y no sólo con palabras.

Cuando cada uno deja de pensar en sí mismo, y estima a su pareja como superior (Fil. 2:1) la relación regresa al diseño glorioso de Dios. En lugar de meditar en todos los defectos de tu esposo, escribe una lista de las cosas que amas en él:

**4. Amo** _____

_____

_____

Cada vez que estés frustrada con tu esposo, no permitas que crezca la amargura, sino cambia tu queja mental por una oración. Si es tanta tu tristeza y amargura pide una sola bendición sencilla vez tras vez. **Lo mejor que puedes orar por tu esposo es pedir que ame a Dios más cada día.**

**5.** Escribe tu oración para tu esposo: _____

_____

_____

_____

_____

_____

_____

_____

**6.** Aplica Filipenses 4:8 con tu esposo, enfocándote en sus cualidades, escribe un atributo o característica suya en el espacio después de cada punto en el que debes pensar. Por ejemplo, "Todo lo verdadero: *es paciente;* todo lo honesto: *es esforzado en el trabajo,"* etc.

Por lo demás_____ (*tu nombre*)

todo lo que es verdadero:_____ de _____(*nombre de tu esposo*)

todo lo honesto: _____, mi esposo

todo lo justo:_____, mi esposo

todo lo puro:_____, mi esposo

todo lo amable:_____, mi esposo

todo lo que es de buen nombre:_____; mi esposo

si hay virtud alguna:_____, mi esposo

si algo digno de alabanza:_____, en esto piensa.

La comunión con Dios es una relación íntima y especial; entre más tiempo pases con Él más amor sentirás por los que te rodean. La clave está en permanecer en Él y en Su Palabra (Juan 15). Pídele a Dios que produzca en ti el milagro del perdón para que perdones las heridas que te causó tu esposo y puedas dejar de recordarlas para que vivas un matrimonio pleno y gozoso.

Si hay conflicto en tu matrimonio, entrégaselo a Dios en oración. Búscalo diariamente en su Palabra, y después de haber hecho esto fielmente por varias semanas, busca el consejo de una persona madura en Cristo. **Si no has buscado a Dios en Su Palabra y en oración, no servirá de nada la consejería en la iglesia. Es más importante buscar a Dios que el consejo de otros.**

# *CAPITULO* 9 La Esclavitud

Oración de la semana: Señor, revélame que área de mi vida ha cedido ante las mentiras del enemigo y destruye la fortaleza que me mantiene en esclavitud hasta ahora. "Y conoceréis la verdad y la verdad os hará libres" Juan 8:32

"Una vez fuimos desgraciados esclavos del amo más cruel que se pueda imaginar: el pecado. Como miembros de una raza humana caída, estábamos atados, ciegos y muertos en nuestra desobediencia y nuestra rebelión. Fue en medio de nuestra impotencia y desesperanza que Dios intervino. Siendo rico en misericordia, nos escogió, nos dio su amor y nos rescató del control de nuestro dueño anterior. Por medio de la muerte sacrificial de Cristo, se nos redimió del mercado de esclavos del pecado. Dios nos limpió de nuestra iniquidad, nos vistió con su justicia y nos recibió en su familia para siempre. Sin embargo, nuestro Dios misericordioso no se quedó en eso. No solo nos hizo esclavos de justicia sino también ciudadanos de su reino, amigos de su mesa y hasta hijos adoptivos de su familia". *~John MacArthur[1]*

*¡Qué descripción tan maravillosa de la obra redentora de Cristo y qué* gran precio pagó por nuestra libertad! Al concluir el capítulo 8 pudimos entender que una cadena de deslices, aunque aparentan ser insignificantes, aunados a una constante desobediencia a la Palabra de Dios, nos pueden llevar nuevamente a la esclavitud de la cual Dios nos ha rescatado.

En el capítulo 3 se nos advierte sobre la obra destructora de Satanás, quien nos asecha constantemente y que conoce nuestras debilidades (porque no pierde tiempo con nuestras áreas fuertes) y buscará atacar en las áreas donde seamos más débiles porque, finalmente, su objetivo es destruirnos. Es seguro que él nunca jugará limpio y usará toda clase de estrategias y trampas para llevarnos a su terreno: el de la mentira.

Empezamos a crear malos hábitos, somos indulgentes con nuestras "pequeñas debilidades" nos olvidamos de ejercer el dominio propio y tomamos malas decisiones, así, bajamos la guardia mientras el enemigo gana más y más territorio ¿en dónde? En nuestra mente.

### *Fortalezas Espirituales*

Una fortaleza es una forma de pensamiento, hábito o actitud contraria a la Palabra de Dios, es un área en tu vida en donde el enemigo tiene dominio y por tanto requiere de una ayuda sobrenatural para ser destruida.

Imagina que estás parada en tu espacio y que el enemigo empieza a pasarte ladrillos; cada uno de ellos representa un pensamiento, una sugerencia, una mentira (todo pecado inicia con una mentira) y tú los vas *recibiendo y aceptando*, uno por uno y los vas poniendo alrededor de ti hasta quedar rodeada y atrapada por completo. Una fortaleza provoca un bloqueo mental, se levanta en contra del conocimiento de Dios *con argumentos y altivez* que requieren ser derribados, tal como nos dice el apóstol Pablo:

*Porque las armas de nuestra milicia no son carnales, sino poderosas en Dios para la destrucción de fortalezas, <u>derribando argumentos</u> y toda altivez que se levanta contra el conocimiento de Dios, y llevando cautivo <u>todo</u> pensamiento a la obediencia a Cristo." 2 Corintios 10:4-5 (énfasis añadido).*

1. Investiga en un diccionario y anota el significado de la palabra **milicia**. _____
   _____

2. De acuerdo al versículo anterior, nuestras armas no son carnales sino _____

3. ¿Quién se debe encargar de llevar cautivo **todo** pensamiento en obediencia a Cristo? _____

Repasa el versículo de memoria:

Estad, pues, firmes _____
_____
_____ Gálatas ____ : ____

Repasa el versículo de memoria:

S_____, oh Jehová, y seré sano; s_____, y seré salvo; porque _____ eres

mi _____. Jeremías 17:_____

**4.** ¿Te reconoces en ti misma en alguna o algunas de estas afirmaciones? Marca con una X aquellas con las que te identificas:

| | | |
|---|---|---|
| Soy iracunda ____ | Soy orgullosa ____ | Soy controladora ____ |
| Soy depresiva ____ | Soy envidiosa ____ | Me obsesiona ser productiva ____ |
| Soy temerosa ____ | Soy egocéntrica ____ | Soy la víctima siempre ____ |
| Soy vengativa ____ | Soy rencorosa ____ | Soy chismosa ____ |
| Soy compulsiva ____ | Soy mentirosa ____ | Soy amargada ____ |
| Soy hipersensible ____ | Soy perfeccionista ____ | Soy abusiva ____ |
| Soy incapaz ____ | Soy manipuladora ____ | Deseo reconocimiento ____ |

**5.** ¿Es difícil o incómodo reconocer en ti alguna o algunas de estas características? _____

**6.** ¿Te molesta que algún amigo, familiar, compañero de trabajo o miembro de tu iglesia te señale alguno de estos "defectos" que ven en ti? _____

**7.** ¿Cómo te sientes cuando te lo dicen? Subraya una de las opciones:

| |
|---|
| ofendida    agredida    invadida    acosada   calumniada<br>avergonzada   incómoda  indiferente    Otro: _____ |

*"Si decimos que no tenemos pecado, nos engañamos a nosotros mismos, y la verdad no está en nosotros". 1 Juan 1:8*

**El pecado nos esclaviza** y el no aceptarlo como tal es señal de que se ha levantado una fortaleza en nuestra mente.

*"Ya no tenemos que vivir en la esclavitud de nuestras heridas."* ~ Katie Bolf [2]

Repasa el versículo de memoria:

Por la misericordia_____nunca

_____. Nuevas_____

_____fidelidad. Lamentaciones 3: ____-____

## Más Evidencias De Fortalezas En Nuestra Vida

Podemos en ocasiones ser temerosas; existen situaciones reales que nos pueden atemorizar; pero cuando el temor es lo primero que se nos viene a la mente ante cualquier situación, somos esclavas de esa emoción que puede paralizarnos y gobernar nuestras acciones. Ahí se ha levantado una fortaleza.

Es normal desear no perder el control de nuestras circunstancias, pero cuando tienes una necesidad imperiosa de controlar todo y a todos a tu alrededor, existe también una fortaleza en tu mente que debe ser descubierta y destruida con la Verdad que encontramos en la Biblia.

"La batalla se libra más que nada a nivel del pensamiento". ~Jaime Foote[3]

**Reconocer** lo que está en nuestro corazón, aceptar que en nuestra naturaleza caída tenemos un potencial enorme para hacer lo malo, para dañarnos a nosotras mismas o dañar a nuestros semejantes, y para pensar de manera absolutamente contraria a Filipenses 4:8, es dar un gran paso para ser libres de una fortaleza que nos oprime. Es finalmente, dejar de justificarnos, **rendir** ante Dios nuestra naturaleza caída, y reconocer el control que Satanás ha ejercido sobre ciertas áreas de nuestra vida llenando nuestra mente de mentiras y de dolor.

## El Peso Innecesario

*Por tanto, nosotros también, teniendo en derredor nuestro tan grande nube de testigos, despojémonos de todo peso y del pecado que nos asedia, y corramos con paciencia la carrera que tenemos por delante, puestos los ojos en Jesús, el autor y consumador de la fe, el cuál por el gozo puesto delante de él, sufrió la cruz, menospreciando el oprobio y se sentó a la diestra del trono de Dios. Hebreos 12:1-3*

**8.** ¿De qué debemos despojarnos? Todo_____y del _____.

**9.** Seguramente, en tu caminar con Cristo has visto grandes cambios en tu vida; hay una canción[4] de alabanza que dice "Ya no soy esclavo del temor, yo soy hijo de Dios." Detente un momento y en oración pide al Espíritu Santo que te recuerde de cuántas cosas Dios ya te ha hecho libre. Anota las que hayan llegado a tu mente y agradece al Señor por ello: _____

_____

_____

_____

_____

_____

**10.** Ahora pide en oración al Espíritu Santo, que te revele dónde se han levantado en tu mente fortalezas y has creído las mentiras de Satanás. Escríbelo aquí: _____

_____

_____

**11.** Sométete a Cristo en oración, y entrégale toda aquella mentira en la cual has basado tu identidad. _____

_____

_____

**12.** Busca y completa el siguiente versículo:

Sed sobrios, y_____; porque vuestro _____el diablo, como león rugiente, anda alrededor _____a quien devorar. *1 Pedro 5:8*

² **Rendir**

Mis heridas y amargura a Dios en arrepentimiento.
Efesios 4:31-32

³ **Perdonar**

Perdonar las heridas antiguas y nuevas con la ayuda de Dios.
Colosenses 3:13

¹ **Reconocer**

Lo que hay en mi corazón que pueda contaminarme.
Hebreos 12:15

## Historia de un Largo Viaje

Cuando llegué a los pies de Cristo me consideré la mujer más feliz del mundo, la conversión que tuve fue inmediata y recuerdo el día en el que el Señor me alcanzó como si fuera ayer. La adicción a la comida empezó cuando apenas salía de mi adolescencia. Ahora sé que desde siempre Satanás quiso destruirme, rodeándome de mentiras que yo creí y alimenté, movida por mi egocentrismo, es decir, por vivir centrada en mi persona. Entre las mentiras estaban las siguientes: "Sólo podré ser feliz si soy delgada. Solo podré ser amada si soy delgada. Sólo podré tener valor como ser humano si soy delgada." Sin embargo, cada vez que alcanzaba mi ansiado "peso meta" no sabía qué hacer con este logro, pues después de un tiempo, mi ansiedad me llevaba a comer de nuevo de manera compulsiva y al no tener el control, me deprimía y me encerraba en mi mundo de aflicción, esperando que *alguien* viniera a rescatarme. Ahora sé que Jesús siempre estuvo ahí, recogiendo cada una de mis lágrimas y escuchando mi clamor desde Su corazón compasivo. Él ya había pagado por mi rescate en la cruz del Calvario.

Repasa el versículo de memoria:

Por la _____ no hemos sido consumidos, porque _____

sus misericordias. Nuevas_____; grande es _____

_____. Lamentaciones: _____: _____-_____

El subir de peso me producía un verdadero terror y esa obsesión me impedía disfrutar mi juventud; yo estaba atrapada en una espiral emocional que no me permitía valorar las muchas bendiciones que Dios ya había derramado sobre mí. Después de probar todo tipo de métodos y dietas para mantenerme delgada, caí finalmente en un problema de bulimia. Esto me llevó a un auténtico pozo de desesperación; en él habité totalmente sola y perdida por varios años, sin que nadie lo supiera, ya que en apariencia yo estaba muy bien. Nunca me atreví a confesarles a mis papás ni a nadie más; lo que me pasaba, era mi secreto y mi vergüenza.

Ahora sé que la raíz de este problema es espiritual. Yo había entregado mi corazón a muchas cosas vanas, no lo había entregado a Dios. *Sobre toda cosa guardada, guarda tu corazón, porque de él mana la vida.* Prov. 4:23

Hoy en día, la bulimia, junto con la anorexia, es reconocida como un grave problema de salud, sin embargo, años atrás, yo no sabía siquiera que lo que padecía tenía un nombre. Viví mucho tiempo, día tras día, con esta práctica secreta, atormentando mi vida y pagando un precio muy alto para estar delgada; como una auténtica *esclava*. Finalmente un día, leyendo una revista, encontré un artículo sobre la bulimia. No lo podía creer ¡aquello que tanto me atormentaba tenía un nombre! Yo era bulímica y comedora compulsiva, era adicta a la comida. Sin embargo, aún al haberlo entendido, me quedaba un largo camino por recorrer. Aun cuando no había entregado mi vida a Cristo yo clamaba como el ciego de Jericó (Lucas 18:35-43): - ¡Jesús, hijo de David, ten misericordia de mí! - Y Él en Su gran amor me escuchó, me rescató, me sanó y aquí estoy contando mi historia.

Pude haber muerto en el camino pero el plan de Dios era otro para mí; las consecuencias de la bulimia en el organismo suelen ser desastrosas y fue un milagro que no quedara dañada permanentemente o perdiera la vida. Finalmente, la bulimia quedó atrás, así, de un día para otro, y poco tiempo después entregué mi vida a mi Señor y Salvador; no necesitaba tener mi atención centrada en mí misma, sino en Él. Mi corazón quedó cautivado por el amor incondicional de Jesús y entendí que delgada o no, tenía un valor incalculable por ser una redimida. Cristo había pagado con Su vida mi rescate en la cruz del Calvario; había sido perdonada y la puerta hacia la libertad estaba abierta para mí. Yo había sido una esclava caminando hacia la autodestrucción, pero una gran mentira del enemigo había quedado descubierta; nunca más buscaría mi valor en nada ni en nadie, sino solamente en Jesucristo. En mi mente, una fortaleza había sido destruida por completo. Pero aún tendría que atravesar por un largo proceso ya como hija de Dios.

De alguna manera yo continué siendo indulgente conmigo misma, recurriendo a la comida en momentos de ansiedad y subiendo y bajando de peso de manera cíclica. Cuando subía de peso me decía a mí misma intentando sonreír: "Mi apariencia no importa, mi esposo me ama así, mis hijos me aman así y sobre todo, sé que Dios me ama así; mi valor no depende de mi peso." Esto último era verdad, pero Dios seguía trabajando en mi interior; me llevó a reconocer que aun buscándole constantemente, con frecuencia me dejaba llevar por la falta de disciplina y dominio propio en mi alimentación; era muy doloroso aceptar que en el fondo, mi *fuente de consuelo* seguía siendo la comida y que cada vez que recurría a ella para escapar del desánimo, la tristeza, o cualquier otra emoción desagradable, mi vida espiritual se debilitaba. Cierto día, después de muchos intentos y fracasos y mientras tomaba este estudio, el Señor me mostró que había otra fortaleza que derribar; Satanás había plantado otra gran mentira en mi mente: "Nunca serás totalmente libre." Sin embargo, Jesús me dijo de manera muy clara: "¡Eres libre, Yo te quiero libre!" Y llena de gozo y agradecimiento le creí.

Pero esta vez no decidió sanarme instantáneamente, como lo había hecho con la bulimia, ahora yo tendría que trabajar, ser obediente, disciplinada, constante y sobre todo, buscar Su Palabra y la oración en los momentos de tentación. Dios me indicó cuáles eran las elecciones correctas para romper con el nocivo hábito de recurrir a la comida como *fuente de consuelo*. Me enseñó a convivir con la comida de una manera sana. La clave es creer La Verdad que está escrita en la Biblia, fortalecerme en ella y poner en práctica cada uno de sus principios. Dios me ha indicado el camino pero de mí depende andar en obediencia. Este hermoso estudio me llevó a entender que Jesús me quiere totalmente sana, libre de la esclavitud de la comida y valiente cada día para escuchar Su voz y seguirla. Sé que ahora soy libre para ayudar a quienes aún son esclavas de las mentiras del enemigo. *Así que si el Hijo os libertare, seréis verdaderamente libres.* Juan 8:36. ~Luisa A.

---

### Repasa el versículo de memoria:

Sáname _____; sálvame, _____

porque tú_____. Jeremías _____: ____

---

## Nadar En Aguas Turbulentas

La palabra "adicto" viene del latín *addictus*, que significa "esclavo". En la antigua Roma cuando alguien tenía enormes deudas, imposibles de saldar, era legal que pasara a ser esclavo del acreedor y que éste se adueñara del fruto de su trabajo por un tiempo o para siempre. En latín la palabra *addictus* puede traducirse literalmente como "entregado a otro".

¿Te suena familiar? Como cristiana es muy difícil admitir que se está atrapada en una adicción; el ocultarla, el guardarla como un secreto es precisamente lo que el enemigo quiere: de esta manera seguirá teniendo control sobre tu vida y esclavizándote.

## Los Signos de la Adicción

Las señales claras de que vas perdiendo dominio ante una sustancia o conducta y entregándote a la esclavitud.

- Tienes **dificultad para controlar** la compulsión por aquello que usas. Cuánto lo usas, cuánto te tomas o comes, cuánto tiempo pasas haciéndolo, cuántas veces al día (o la semana o el mes) que lo haces.

- Aun cuando tú mismo reconoces que no es bueno, y sufres consecuencias negativas, **continúas recurriendo a ello.**

- Te vuelves muy irritable o sensible en relación al tema y lo minimizas. Constantemente tienes que decirte a ti mismo que **lo tienes controlado y no empeorarás.**

- La utilizas para **escapar, relajarte o premiarte.** (Pasó de ser fuente de consuelo a esclavitud).

- Tu vida es tan desoladora que es lo único que **puedes controlar** (en el caso de anorexia o bulimia)

*Fuente: Dr. Steven Melemis MD, PhD[5].*

**13.** Si no estás segura, ármate de valor y pregúntale a una persona muy cercana a ti si alguno de los puntos anteriores se manifiesta en tu vida y tus actitudes: "Oye amiga, ¿crees que yo tenga un problema con.........?" Escribe lo que te respondió: _____

_____

Si es tu caso, hay una parte de ti que le pertenece al enemigo porque *tú* se la has entregado. Puedes aislarte, callar, disimular, y fingir que todo está bien, mientras luchas por ser "una buena cristiana," pero precisamente eso es lo que quiere Satanás: llevarte al punto de apartarte de Dios por tu pecado. Y ciertamente hay un *territorio*, una fortaleza que destruir pero ¡no te alejes de Dios! Corre hacia Él si estás atrapada en alguna de las siguientes adicciones:

Alcoholismo    Drogadicción    Tabaquismo    Anorexia o Bulimia

Adicción al sexo    Pornografía    Adicción a la comida o el azúcar

Adicción al sufrimiento    Adicción a la adrenalina    Adicción a videojuegos

Adicción al celular    Adicción a las redes sociales    Adicción de Cutting

Adicción a relaciones destructivas    Adicción a las apuestas    Adicción al juego

Adicción a las compras    Autolesión    Adicción al trabajo    Adicción al ejercicio

Adicción a tener el control    Adicción al chisme    Adicción a la atención

## Repasa el versículo de memoria:

_____ y perdonándoos _____

_____. De la manera_____

_____vosotros. _____s ___:___

## *No Estás Sola*

Si te encontraste en el recuadro anterior, no tienes que resolverlo sola. Es momento de reconocer tu adicción, confesarla a un líder de confianza en la iglesia, comenzar un proceso de rendición de cuentas y si es su caso, tratamiento profesional. Si no lo confiesas, no estás reconociendo que necesitas ayuda, y no estás tomando el paso de rendir cuentas y recibir ayuda de alguien más. Sin la confesión, no cambia nada. No es necesario confesarlo delante de muchas personas, pero si es necesario que personas maduras y de confianza caminen contigo durante el proceso de sanar y ser libre de la esclavitud en la que estás. Es momento de que tomes pasos para ser libre. Existen muchas organizaciones que tratan diversos tipos de adicciones incluso de manera gratuita. Con la ayuda profesional y espiritual dejarás de ser esclava y serás sana.

*Tener una adicción es enfocarte en "algo" que te obsesiona a tal grado que no te permite ocuparte de los problemas que realmente te duelen.* Cuerpos que Gritan Documental[6]

**14.** Busca en tu Biblia y completa:

*Yo iré delante de ti, y _____los lugares_____; quebrantaré puertas de bronce, y cerrojos de hierro haré _____ Isaías 45:2*

**Cree esta promesa y avanza hacia tu libertad de la mano de Dios. Recuerda lo siguiente:**

☐ Escucha la voz de Dios antes que cualquier otra. (Prov. 16:20)

☐ Acepta el amor incondicional de Jesús. El ya pagó y tomó tu lugar en la Cruz del Calvario (Rom 5:8)

☐ Ante el momento de tentación, ora y recurre a la Palabra de Dios. (1 Cor. 10:13)

☐ Habla con una mujer cristiana madura en Cristo para que ore por ti en los momentos de tentación. (Prov 19:20-21)

☐ Elige derribar todo argumento y altivez que se oponga a la Verdad. (2 Cor. 10:5)

☐ Sé humilde, recuerda que Dios da gracia al humilde y resiste al soberbio (Santiago 4:6).

☐ Recuerda siempre que una fortaleza es una conducta contraria a la Verdad de Cristo. (2 Cor. 10:4)

☐ Sé honesta con Dios, Él ya conoce tu historia. (1 Juan 1:6).

☐ Mantente alerta ante tus pensamientos y sentimientos. Tu mente es el campo de batalla del enemigo. (Salmo 139: 23-24)

☐ Si estás luchando para dejar una adicción y caes ante la tentación, no elijas esconderte. Confiesa tu pecado ante Dios y una mujer líder cristiana de confianza, Dios es fiel y justo para perdonarte y limpiarte de toda maldad (1 Juan 1:9).

☐ No escuches la voz de Satanás; recurre a la Palabra, es tu espada para combatir sus mentiras. (Ef. 6:17)

☐ Rinde cuentas semanalmente con una mujer líder de tu iglesia. (Stgo. 5:16).

## *Cómo Resistir el Día Malo*

Como ya vimos en el capítulo 7, no obtenemos nuestra libertad recurriendo a una substancia o a una emoción incontrolable, eso nos lleva a caer en el pozo de la desesperación. ¡La deuda ya está saldada! 2 Corintios 10 trata el tema de la esclavitud de manera muy clara:

*Pues aunque andamos en la carne, no militamos según la carne; porque las armas de nuestra milicia no son carnales, sino poderosas en Dios para la destrucción de fortalezas, derribando argumentos y toda altivez que se levanta contra el conocimiento de Dios, y llevando cautivo todo pensamiento a la obediencia a Cristo. (v3-5).*

**15.** Entrega todo a Dios con una oración similar a este ejemplo: *Dios te entrego* _____ *porque reconozco que no puedo controlarlo, no puedo cambiarlo sólo. Sáname y haz un corazón nuevo en mí. No quiero ser esclava de* _____ *sino sólo esclava de Jesucristo. Lleva cautivos mis pensamientos en Ti.*

### ✑ Cuando Venga el Día Malo, Corre hacia Dios y no lejos de Él ✑

**Lee Efesios 6:13-17:**

*Por lo tanto, ¡protéjanse con la armadura completa! Así, cuando llegue el día malo, podrán resistir los ataques del enemigo y se mantendrán firmes hasta el fin. ¡Manténganse alerta! Que la verdad y la justicia de Dios los vistan y protejan como una armadura. Compartan la buena noticia de la paz; ¡estén siempre listos a anunciarla! Que su confianza en Dios los proteja como un escudo, y apague las flechas encendidas que arroja el diablo. Que la salvación los proteja como un casco, y que los defienda la palabra de Dios, que es la espada del Espíritu Santo.(TLA).*

**16.** Debemos _____ con la armadura completa para poder _____ los ataques del enemigo y mantenernos _____ hasta el fin.

**17.** Debemos mantenernos _____ y que la _____ y la _____ de Dios nos vistan y protejan como _____.

**18.** Nuestra _____ en Dios nos protegerá como _____ y apagará las flechas encendidas que _____ el diablo.

**19.** La salvación nos _____ como casco, y nos defenderá la_____ de Dios.

*"Ser un esclavo de Jesucristo es la bendición más grande imaginable. El no sólo es un bondadoso y amable Señor sino también es el Dios del Universo. Su carácter es perfecto, su amor es infinito, su poder incomparable, su sabiduría inescrutable y su bondad va más allá de toda comparación. No es de sorprender entonces que nuestra relación con Él como nuestro amo nos brinde gran beneficio y honra".*

~John MacArthur (De su obra *Esclavo*)[7]

## Historia de la Fidelidad de Dios

Empezó como algo pequeño, unas cervezas con unos amigos. De vez en cuando un caballito de tequila. Después empezó a comprar una botella para el mes. Pasó de ser un vasito a ser media botella de tequila en una tarde. No era agresivo ni grosero, simplemente bebía mucho y se dormía. Lo confronté, y se rió de mí cuando le lloraba y le decía que estaba mal.

Comencé a orar por él. Cada vez que olía a alcohol o veía la botella nueva que él compró, se desplomaba mi ánimo y yo empezaba a sentir nauseas, y ardía de ira y lo odiaba y amaba a la vez. Continué orando por él. Lo volví a confrontar, calmada, con mi cuaderno de apuntes en la mano con lo que quería decirle ¿no era un hombre que servía en la iglesia, y que amaba a Dios? Prometió dejarlo y vi un cambio en él.

Meses después tomó una botella de 300ml nuevamente, era la primera vez en mucho tiempo. Me sentí tan decepcionada que no podía respirar, no sabía qué hacer. No quería llevar mi asunto a alguien de la iglesia porque temía el chisme, y el daño irreparable que haría a la reputación de mi esposo, porque pensé que él jamás me perdonaría esta traición. Decidí confesarlo: era más importante su relación con Dios que su servicio en la iglesia, más importante salvarlo del fuego (Judas 1:23) que las maneras en las que podría "bendecir" a otros si su reputación continuaba intacta.

Se lo confesé a una mujer cristiana discreta y madura, y ella comenzó a orar conmigo. Cuando por fin tuve el valor de decirle a mi esposo que alguien más ya sabía de nuestra situación; se entristeció mucho, y me dijo que él había propuesto en su corazón después de la última vez, que jamás lo haría de nuevo. No le creí, y estaba enojada con él porque no me dijo que había propuesto cambiar. Lo despreciaba porque me había hecho sufrir y no me amaba lo suficiente como para dejar de tomar. Después entendí que mi corazón estaba mal, y comencé a pedirle a Dios que nos transformara a los dos.

No fui yo, fue Dios que hizo el milagro en su vida y en la mía: desde hace más de 2 años no ha vuelto a tomar. Aunque aún en ocasiones siento temor de que vuelva a caer, cada vez que surge el temor, se lo entrego a Dios en oración, confiando que Él hará los cambios que yo no puedo lograr. Dios sanó situaciones en nuestra relación, mi ira, mi temor, mi amargura y desprecio; nuestra amistad como pareja volvió y estamos otra vez enamorados. Sé que Dios hizo el cambio en él que tanto pedí, y aprendí que debo orar por mi esposo de manera constante y no sólo en tiempo de problemas, y que debo trabajar en mi corazón para perdonar las heridas antes de que contaminen a los demás. ~Mari

*\*Nota: en el caso de "Mari", el siguiente paso que le habíamos indicado era llevar la situación con el pastor y de comenzar el trabajo de rendición de cuentas. Si su esposo recae en el futuro, ella buscará el apoyo del pastor y las mujeres líderes que habían orado con ella durante esta situación, porque no es momento de llevarlo sola.*

Repasa el versículo de memoria:

Estad _____

_____ Gálatas _____:1

**20.** Recita con una compañera los **6** versículos: Hebreos, Salmos, Colosenses, Lamentaciones, Gálatas y Jeremías. Compara tu avance en el devocional de esta semana 9 con tu primera semana ¿Cómo has mejorado? ¿Has notado cambios? Comparte con tu grupo.

## Tarea para esta Semana:

- Repasar Hebreos 12:15, Salmo 147:3, Colosenses 3:13, Lamentaciones 3:22-23 Gálatas 5:1 y Jeremías 17:14. No hay versículo nuevo esta semana.
- Continuar el devocional diario en la página 112. Esta semana actualizarás tu lista de oración, y mostrarás el avance de tu devocional a todas las que están contigo en el estudio. Hacer la tarea del capítulo 10 de la página 113-123 que incluye una sección general acerca del diseño de Dios para el matrimonio.
- Ora durante esta semana que Dios te muestre una mujer madura en Cristo con quien puedas orar y hacer rendición de cuentas de tu andar con Cristo.

## DEVOCIONAL DIARIO Semana 10: Oración Conversacional

Durante tu tiempo de devocional toma un tiempo para **orar** en voz alta. Es muy recomendable hacerlo de la siguiente manera:

**1.** Inicia agradeciéndole a Dios lo que tienes, y lo que está haciendo en tu vida. **2.** Ora acerca del pasaje que acabas de leer en tu Biblia (que Dios lo haga en ti, por ejemplo). **3.** Pide por lo que te ha mostrado que está en tu corazón. Reconoce lo que está mal en tu corazón y entrégalo en arrepentimiento a Dios. **4.** Intercede por otros, incluyendo tus enemigos. **5.** Termina alabando a Dios, sus virtudes, su poder y su amor por ti. **6.** Apunta la fecha en la que Dios respondió a tus peticiones de las semanas pasadas.

**Lunes** _____

Pasaje que leí: _____

Lo que Dios me habló: _____

_____

_____

_____

_____

Agradezco_____

Pido que _____

**Martes** _____

Pasaje que leí: _____

Lo que Dios me habló: _____

_____

_____

_____

_____

Agradezco_____

Pido que _____

**Miércoles** _____

Pasaje que leí: _____

Lo que Dios me habló: _____

_____

_____

_____

_____

Agradezco_____

Pido que _____

**Viernes** _____

Pasaje que leí: _____

Lo que Dios me habló: _____

_____

_____

_____

_____

Agradezco_____

Pido que _____

**Sábado** _____

Pasaje que leí: _____

Lo que Dios me habló: _____

_____

_____

_____

_____

Agradezco_____

Pido que _____

**Domingo** _____

Pasaje que leí: _____

Lo que Dios me habló: _____

_____

_____

_____

_____

Agradezco_____

Pido que _____

**Jueves** _____

Pasaje que leí: _____Lo que Dios me habló: _____

_____

Agradezco _____ Pido que _____

# *CAPITULO* **10** Dejar de Recordar

> Oración de la semana: Platica con Dios antes de empezar. Pídele que te ayude a dejar de recordar y pensar en el dolor. *Por lo demás, hermanos, todo lo que es verdadero, todo lo honesto, todo lo justo, todo lo puro, todo lo amable, todo lo que es de buen nombre; si hay virtud alguna, si algo digno de alabanza, en esto pensad.* Filipenses 4:8

*Vivimos en un mundo caído, quiere decir que todos los humanos somos pecadores, pecamos*

> Si meditas en tus propios sentimientos, acerca de las cosas en lugar de meditar en la fidelidad, el amor, y la misericordia de Dios, entonces es probable que tengas un día terrible, horrible, espantoso, horroroso. ¿No son nuestros sentimientos pasajeros y efímeros? No podemos depender de ellos por más de cinco minutos seguidos. Pero el meditar en el amor, la fidelidad y la misericordia de Dios siempre es seguro. ~ *Elisabeth Elliot* [1]

unos contra otros, y las heridas dejan en nuestras vidas secuelas difíciles de sanar, pero el pecado cometido contra nosotros no es diferente o mayor al pecado oculto en nuestro corazón. Tito 3:3 dice: *Porque nosotros también éramos en otro tiempo insensatos, rebeldes, extraviados, esclavos de concupiscencias y deleites diversos, viviendo en malicia y envidia, aborrecibles, y aborreciéndonos unos a otros.*

Tratamos siempre de anestesiar o rehuir al dolor causado por las heridas, como somos seres carnales, tendemos a no profundizar en cosas espirituales, pero Dios usa el sufrimiento para revelar nuestras debilidades. Cuando el dolor se manifiesta en nuestra vida, no desperdiciemos la oportunidad de conocer más del amor de Dios.

No desperdicies tu dolor. Que quede claro: no se trata de permitir que te hieran constantemente, ni que quieras sufrir, sino que al momento de tratar con una herida permitas que el dolor te lleve a conocer mas a Dios, Su amor y Su verdad. Deja que Dios haga Su mejor obra en ti a través del dolor. Él nos provee de Su mensaje de esperanza y una estrecha comunión con Él por medio del sufrimiento.

*Estas cosas os he hablado para que en mí tengáis paz. En el mundo tendréis aflicción; pero confiad, yo he vencido al mundo. Juan 16:33*

1. ¿Dios nos ha prometido un mundo sin problemas o sin sufrimientos? _____

2. ¿En quién podemos confiar? _____

3. ¿En quién podemos tener paz?_____

## Un Propósito Eterno

Dios nos anuncia claramente que en este mundo tendremos aflicción, sufrimientos, problemas y dolor. Pero Dios tiene un propósito en todo:

*Por tanto, no desmayamos; antes, aunque este nuestro hombre exterior se va desgastando, el interior no obstante se renueva de día en día. Porque esta leve tribulación momentánea produce en nosotros un cada vez más excelente y eterno peso de gloria; no mirando nosotros las cosas que se ven, sino las que no se ven; pues las cosas que se ven son temporales, pero las que no se ven son eternas. 2 Cor. 4:16-18*

4. ¿De acuerdo al versículo anterior, qué podría ser un ejemplo de las cosas temporales, las cosas que se ven? _____

5. ¿En qué cosas puedes poner la mira durante tus pruebas actuales que son *eternas*? Escribe tres ejemplos: _____

_____

6. De acuerdo a este versículo, ¿cómo es la tribulación? _____y_____

*Hermanos míos, tened por sumo gozo cuando os halléis en diversas pruebas, sabiendo que la prueba de vuestra fe produce paciencia. Mas tenga la paciencia su obra completa, para que seáis perfectos y cabales, sin que os falte cosa alguna. Santiago 1:2-4*

7. ¿Qué nos pide que tengamos cuando nos hallemos en diversas pruebas?_____

8. ¿Cómo podríamos tener sumo gozo?_____

_____

## Herramientas Para Ser Libres

Al principio de este estudio, **reconocimos** nuestras heridas pasadas y actuales, nuestro dolor, y nuestro pecado; era un paso necesario para profundizar en cosas espirituales, **rendir** todo a Dios y **perdonar**. ¿Pero qué pasaría si recordáramos por siempre estas cosas?

Cuando constantemente recordamos una herida no puede sanar nuestro corazón lastimado.

Texto dentro de la imagen:
**² Rendir** — Mis heridas y amargura a Dios en arrepentimiento. Efesios 4:31-32
**³ Perdonar** — Perdonar las heridas antiguas y nuevas con la ayuda de Dios. Colosenses 3:13
**1 Reconocer** — Lo que hay en mi corazón que pueda contaminarme. Hebreos 12:15
**4 Dejar de Recordar** — Las heridas que he perdonado y fijar mis ojos en Jesús. Filipenses 4:8

*Porque mis días se han consumido como humo, y mis huesos cual tizón están quemados. Mi corazón está herido, y seco como la hierba, por lo cual me olvido de comer mi pan. Por la voz de mi gemido mis huesos se han pegado a mi carne. Salmo 102:3-5*

**9.** ¿Qué pasa cuando un corazón está herido? _____

_____

## Historia de las Heridas Fieles de Dios

Cuando inicié este estudio, tenía una herida que me torturaba. Cada día meditaba en ella, pensando en lo mucho que odiaba a mi esposo porque me hirió y cuán desdichada era por su infidelidad. Pensaba en cómo había entregado mi confianza, y sido traicionada, en formas de vengarme, y todo lo que me diera argumentos para reprochar. Estaba destruyéndome a mí y a los que me rodeaban.

Yo ya conocía el camino hacía el consuelo, así que le pedí a Dios que me ayudara. Dios empezó el proceso al darme muchos versículos en la Biblia donde me mostró Su cuidado y poder. Siguió sanándome con este estudio cuando *reconocí* mi herida, el dolor que provocaba, y cuanto rencor tenía en contra de esa persona. Dios me reveló lo que Satanás había matado, hurtado, y destruido. *Reconocí* que yo no tenía ninguna intención de perdonar y que eso era pecado. *Reconocí* que estaba creyendo la mentira de Satanás, y que eso estaba destruyendo mi vida. Pero también *reconocí* las bendiciones de Dios aún en medio de la misma herida. Avancé y *rendí* a Dios todo lo que anteriormente había reconocido.

No fue fácil, mi odio era como un utensilio para anestesiar el dolor y lo atesoraba, pero con la ayuda de Dios decidí obedecerlo y entregárselo. Pedí *perdón* a Dios por mi odio y rencor, y entendí que Él me estaba llamando a perdonar. Yo quería obedecer, pero la pregunta que me bombardeaba era ¿Cómo? ¿Cómo olvidarlo todo y seguir como si nada? ¿Acaso es posible?

Cuando por fin hice el ejercicio de *reconocer* todas las heridas que le había provocado a otros, entendí. Mi pecado no era igual al de aquel que me hirió, pero era pecado y ante Dios cualquier pecado está al mismo nivel y ante Él ambos son inexcusables. Jesús obró su proceso sanador en mí y me proveyó de Su recurso: Su muerte y Su sacrificio de amor, con Él cual pagó la deuda de mi deudor y la mía. Sólo decidí *perdonar* y Él hizo el resto con el poder con el que resucitó de entre los muertos.

Pero quedaba algo más: mis pensamientos. Todos los recuerdos de la herida, de la traición del dolor, del odio, y del temor de vivir lo mismo nuevamente, eran como dardos de fuego directos hacía mi mente y corazón. Sólo quería dejar de pensar; pero era como tratar de levantar un inmenso peso en mis propias fuerzas. Necesitaba *dejar de recordar* y Dios me mostró el camino. El hacerlo no ha sido un evento de una sólo vez, cada vez que un dardo de fuego viene hacía mí, necesito depender de una y otra vez, Dios y Su poder para ayudarme perdonar y dejar traerlo a la memoria. ~Betsa

Repasa el versículo de memoria:

_____

_____ Jeremías ___:__

## Recordar Sin Dolor

Con frecuencia sucede que a pesar de tener tiempo de caminar con Cristo, nos vemos atrapadas en un círculo vicioso de amargura, resentimiento, contención o tristeza. ¿Por qué no podemos romper ese círculo y proseguir a la meta? Es probable que las heridas, el dolor y la condenación sigan llenando nuestra mente y nuestro corazón porque no hemos logrado perdonar realmente.

## Las Heridas Grabadas en la Memoria

Entonces, ¿Cómo podemos dejar de tener presente la herida? El diccionario Panhispánico de Dudas define *acordarse* como "tener presente en la memoria[2]". Es imposible olvidar algo que ha marcado nuestra vida de tal manera que ha cambiado incluso nuestro rumbo, nuestra personalidad y nuestro presente. Si no lo podemos olvidar ¿qué podemos hacer? La respuesta está en Dios mismo y en su Palabra.

En torno a una pérdida o herida, hay recuerdos amargos que necesitas entregar a Dios para que, con Su gracia, puedas llegar a recordar pero sin ese dolor que te paraliza. En el caso de la pérdida de un ser querido, jamás lo vas a olvidar y nunca dejará de doler la ausencia, porque la magnitud del dolor equivale al amor que tienes por quien ya no está contigo. Sin embargo, al rendir a Dios tu profundo dolor, puede venir el consuelo envolvente de Dios quien quitará la agonía opresora del dolor la pérdida. Es en Él, en quien encontrarás la fortaleza para continuar un día a la vez, y así poder volver a respirar sin ese dolor angustiante.

## Dios No Se Olvida De Nada

"Dios, siendo Dios, nunca se olvidará de nada. Ni un sólo acontecimiento, ni persona, ni siquiera de un pensamiento. Pero en Jeremías 31, Dios promete perdonar nuestra maldad y no acordarse más de ello. Eso significa que Dios no lo olvida, simplemente deja de tenerlo presente en la memoria," (Jaime Foote[3]). Así también nosotras, para no tener siempre presente algo que ya hemos perdonado, dejamos de hacer memoria de ello. *No os acordéis de las cosas pasadas, ni traigáis a memoria las cosas antiguas*, (Isaías 43:18). Al dejar de acordarnos, ya no le damos lugar al diablo que desea esclavizarnos con pensamientos dolorosos, sino que sustituimos cada pensamiento con lo que Dios nos dice:

*Todo lo que es verdadero, todo lo honesto, todo lo justo, todo lo puro, todo lo amable, todo lo que es de buen nombre; si hay virtud alguna, si algo digno de alabanza, en esto pensad."*
*Filipenses 4:8*

**No hay nada mejor que meditar en la palabra de Dios.**

Si ya hemos perdonado y rendido a Dios nuestras heridas, ya no deberíamos estar acordándonos de los pecados que cometieron en contra nuestra. Ya somos libres y no necesitamos volver a la esclavitud de la amargura, la ira o la tristeza.

Sin embargo, si te das cuenta que aún surgen los recuerdos de la herida y te causan dolor, considera que esto es un proceso que toma tiempo y que, con la ayuda de Dios, perseverando en Su Palabra y volviendo a utilizar las herramientas de *Reconocer*, *Rendir* y *Perdonar* para finalmente llegar a *Dejar de Recordar*, llegará el momento de vivir en la libertad que Cristo ganó para cada una de nosotras. Una herida mientras no ha sido atendida, duele. Sin embargo, cuando ya ha sanado, aun cuando quede una cicatriz, ya no produce dolor.

# EL BAÚL DE CACHIVACHES

La mayoría de nosotros tenemos un baúl de cachivaches donde guardamos todas las cosas que no tienen lugar y no sabemos dónde ponerlas: lápices, tornillos, tarjetas, cables y juguetitos rotos. Todos tenemos un baúl de cachivaches en nuestro corazón; es donde metemos nuestros sueños rotos, los comentarios inesperados, las heridas que no podemos comprender, la traición y los enfrentamientos familiares, pequeñas quejas, molestias, astillas que no sanan porque no las tratamos.

Es muy fácil llenar un baúl de cachivaches en nuestra casa: incluso necesitamos pasar las cosas a un espacio más grande. Pueden pasar años sin que limpiemos ese cajón. Si eso pasa en nuestra casa ¿cuánto más pasará en nuestro corazón? En cada capítulo de este manual has analizado algún aspecto de tu corazón. Y de cierta manera esto te ha ayudado a despejar tu baúl de cachivaches, sin embargo, debes de mantenerlo así: despejado. Convierte este ejercicio en un estilo de vida. Con el paso del tiempo vivirás nuevas experiencias dolorosas y traiciones. No las escondas en tu baúl de cachivaches. Sácalas, entrégaselas a Dios y mantén tu corazón sano.

10. Pídele a Dios que te muestre qué has guardado en tu baúl de cachivaches, cosas que no son muy grandes, pero que no has soltado aún, que no has perdonado, que no has llorado o por las cuales no has pedido perdón. Escribe aquí lo que te mostró y toma cartas en el asunto:

_____

_____

_____

_____

_____

_____

_____

*Hermanos, yo mismo no pretendo haberlo ya alcanzado; pero una cosa hago: olvidando ciertamente lo que queda atrás, y extendiéndome a lo que está delante, prosigo a la meta, al premio del supremo llamamiento de Dios en Cristo Jesús. Filipenses 3:13-14*

**11.** De acuerdo a este versículo, ¿qué hay que dejar de recordar? _____

**12.** ¿A dónde hay que proseguir? _____

Cuando el dolor, la condenación o el miedo aparecen súbitamente en la mente una y otra vez, pueden volver a fracturar nuestra fe dejándonos incapacitados. No debemos permitir que la amargura venenosa se arraige otra vez, por estar pensando y meditando en heridas pasadas y perdonadas.

> Prosigo a la meta dejando atrás heridas, logros y medallas. ~Laura Nolasco[4]

## Historia de las Heridas Fieles de Dios

Cuando tenía 15 años, mi mamá sufrió del *síndrome de corazón roto* y murió. Sus últimos días fueron algo difíciles, aunque éramos muy unidas, yo era también rebelde y grosera; esto seguramente influyó en su depresión. Cuando murió, me quería morir con ella, me dolía mucho que ya no estuviera y ya no volverla a ver, ni a abrazar. Lloraba a escondidas y había días en que el dolor era tanto que podía sentirlo dentro de mi pecho, sentía que no me dejaba respirar, quería abrir mi pecho con un cuchillo y sacarlo de ahí. Planeaba formas de suicidarme y fantaseaba que lo hacía.

Después de años de acumular dolor, conocí a Jesús y digo conocí porque realmente fue como convivir con Él, contarle todos mis sentimientos y recibir de Él muchas promesas de amor, que me rescataron del suicidio. Él realmente cambió mi lamento en gozo.

Sin embargo, tuve que luchar con algo más: regresiones del dolor. Podía recordar a mi mamá, pero no soportaba el dolor que me producía el recuerdo de su partida. Aprendí a evitar cosas que me recordaran el dolor, como películas, canciones, etc. Si me exponía, mi mente me llevaba a recordar los días antes, durante y después de su muerte, y volvía a experimentar el dolor y la culpa de no haberlo evitado y haber influido en su depresión con mi egoísmo.

Cuando tomé este estudio me di cuenta de que estaba teniendo estas regresiones, y que estaba luchando con ellas sola, tratando de evitar los detonantes, sin enfrentarlas, (reconocer, rendir, perdonar y dejar de recordar). Dios me ha mostrado que no asesiné a mi mamá, cómo lo llegue a pensar, que aunque hubo cosas que podría haber hecho y no hice (y aunque lo que hice sí influyó) finalmente el dejarse morir fue una decisión que ella tomó. Incluso la he perdonado por tomar esa decisión. Y claro está, si pudiera volver en el tiempo habría hecho todo diferente, pero eso es imposible. Satanás me aprisionó con esa idea durante mucho tiempo; ya no volveré a eso. Le pedí perdón a Dios y sé que Él me perdonó, pero más importante, decidí recibir su perdón. Estoy agradecida con Dios por el regalo de haber conocido a mi madre, regalo que tuvo principio y fin. Pero cuando viene a mi mente el dolor, pienso en todo lo verdadero, honesto, justo, puro, amable, de buen nombre, virtud alguna y digno de alabanza, pienso en Jesús, su muerte, resurrección, promesas, fidelidad, esperanza, y lleno mi mente de Él y su Palabra. ~ Paola

> Los enemigos que estorban nuestra carrera son: Nuestra carne, el mundo y Satanás. Si no fuera porque nuestra carne es insaciable, y el mundo nos presiona para recordarlo, Satanás no tendría ninguna influencia en nuestra vida.

## Olvidar El "Hubiera" y el "¿Por Qué a Mí?"

En el capítulo 7 vimos que el "hubiera" y el "¿por qué?" son 2 mentiras que nos mantienen ancladas al pasado. Es aquí donde debemos echar mano de la herramienta de <u>dejar de recordar</u>. Pon atención en tus pensamientos y si vuelves a sorprenderte pensando en el "hubiera" o el "¿por qué?" detente, recuerda las verdades que Dios te ha mostrado durante estas semanas, y sustituye las mentiras del "hubiera" y el "por qué" con "Cómo" y "Qué." ¿Que haré ahora? ¿Qué quiere Dios de mí? ¿Cómo olvido? Recuerda tu lista de agradecimientos en la página 22 del Capítulo 2 y Dios obrará en ti para que dejes de recordar el pasado.

## El Sufrimiento No Fue en Vano

*Porque satisfaré al alma cansada, y saciaré a toda alma entristecida. Jeremías 31:25*

Permítele a Dios usar cada una de las lágrimas que has derramado. Allí es donde todo empieza, entre tú y Dios. Ya no eres más una víctima, ahora con el poder de su Espíritu Santo, Dios te ha escogido para una misión: glorificarlo a Él. La expectativa de lo que esperas de Dios en tu vida, es el poder de la resurrección de Jesús de entre los muertos.

*Si luchas con tus pensamientos... entonces no puedo recalcar demasiado lo indispensable que es llenar tu mente con la escritura. Léela y memorízala diariamente [...] No es posible eliminar pensamientos vanos o indebidos sin reemplazarlos con otra cosa. ¡La única forma de deshacernos de la oscuridad es llenar el espacio con la luz! ~Sarah Mally[5]*

# EL MATRIMONIO: UN PACTO ESTABLECIDO POR DIOS

El matrimonio es una hermosa creación de Dios. Él lo estableció en Génesis, capítulo 2, cuando mandó *Por tanto dejará el hombre a su padre y a su madre, y se unirá a su mujer y serán una sola carne.* Dios considera que esta unión es sagrada, tan santa que no la debe romper el ser humano (Mateo 19:6). Es también un pacto entre un hombre y una mujer (Malaquías 2:14). Dios utiliza la relación del matrimonio para describir Su pacto y amor hacia Su iglesia llamándola "la desposada", "la esposa del Cordero" (Ap. 21:9). La Biblia habla muchas veces de la importancia de no romper este pacto. *Honren el matrimonio y los casados manténganse fieles el uno al otro. Con toda seguridad Dios juzgará a los que cometen inmoralidades sexuales y a los que cometen adulterio.* (Hebreos 13:4, NTV).

**Mateo 19:3-9:** *Entonces vinieron a él los fariseos, tentándole y diciéndole: ¿Es lícito al hombre repudiar a su mujer por cualquier causa? El respondiendo les dijo: No habéis leído que el que los hizo al principio varón y hembra los hizo, y dijo: Por esto el hombre dejará padre y madre, y se unirá a su mujer, y los dos serán una sola carne. Así que no son ya más dos, sino una sola carne; por tanto, lo que Dios juntó, no lo separe el hombre.*

**Mateo 19:4-6:** *Le dijeron: ¿Por qué pues* **mandó** *Moisés dar carta de divorcio y repudiarla?*

*Él les dijo: Por la dureza de vuestro corazón Moisés os* **permitió** *repudiar a vuestras mujeres; más al principio no fue así. Y yo os digo que cualquiera que repudia a su mujer, salvo por causa de fornicación, y se casa con otra, adultera.* **Mateo 19:8** *(Énfasis añadido).*

Para Dios, el matrimonio es un pacto sagrado que no debe romperse. En el Antiguo Testamento el adulterio se castigaba con la muerte; por esta razón, la carta de divorcio era un acto de misericordia que salvaba a la persona adúltera de la muerte y dejaba libre a la parte inocente para continuar con su vida. El Rey David merecía haber sido apedreado por su adulterio, pero Dios tuvo misericordia de él ante su arrepentimiento total y le dijo: "No morirás." (2° Sam. 12:13)

No obstante, Dios aborrece el divorcio: *"¡Pues yo odio el divorcio! - Dice el Señor, Dios de Israel-divorciarte de tu esposa es abrumarla de crueldad-dice el Señor de los Ejércitos Celestiales-. Por eso guarda tu corazón y no le seas infiel a tu esposa"* (Malaquías 2:16, NTV). El divorcio siempre es producto del pecado; sucede frecuentemente cuando la pareja, o una de las partes, no ha perdonado o se encierra en su orgullo. En cambio, el matrimonio es idea de Dios y no puede ser regulado o cambiado por los hombres. Dios anhela que el matrimonio prevalezca y prospere y parte de Su diseño al tener a dos pecadores unidos por este pacto, es que tanto la mujer como el varón, aprendan a depender cada día y en cada circunstancia de Él y de Su Palabra. Sólo el endurecimiento del corazón lleva a un hombre a abandonar a "la mujer de su juventud" (Mal. 2:14) y viceversa.

En este mundo las personas se guían únicamente por lo que sienten y por su egoísmo. Aparentemente es más sencillo y cómodo optar por el divorcio que trabajar para otorgar el perdón y vencer el orgullo tomados de la mano de Dios. Nuestra sociedad ha llegado al grado de crear el "divorcio exprés" como un recurso ante argumentos como: la incompatibilidad de caracteres, la falta de amor, el aburrimiento, o el cansancio; estos razonamientos humanos son totalmente insuficientes para Dios. Además, en un divorcio siempre existirán víctimas inocentes que serán dolorosamente afectadas por esta separación permanente: Los hijos.

Dios puede otorgarnos la gracia que necesitamos para sanar una relación quebrantada, esto puede lograrse confiando en Él y en Su Palabra, no en nuestra percepción, pues *"Engañoso es el corazón más que todas las cosas, y perverso; ¿quién lo conocerá?* (Jeremías 17:9) Dios **sí** lo conoce, y Dios lo puede transformar.

> Debemos permanecer en el Señor para poder perseverar. *Tony Velasco*[6]

Es una realidad que con el paso de los años, una pareja puede llegar a acumular muchas heridas porque son dos pecadores viviendo en un mundo caído y porque Satanás está tratando constantemente de destruir el diseño de Dios para la relación matrimonial. ¿Cómo pueden sanar esas heridas? Con la purificación de la Palabra de Dios (Ef. 5:26). Él nos provee en la Biblia de todo lo que una pareja necesita para enfrentar y superar circunstancias críticas, como por ejemplo: La infidelidad (Mateo 5:32), un cónyuge inconverso (1 Pedro 3:1), o una pareja áspera y de difícil carácter (1 Pedro 4:8).

Existen, no obstante, ciertas circunstancias extremas en las que se puede considerar la posibilidad de un divorcio bíblico, como en el caso del abuso físico o emocional, el adulterio sin arrepentimiento o que una de las partes esté involucrada en actos delictivos graves. Ya sea en uno de estos casos u otro de la misma seriedad, es importante acercarse a algún líder de la iglesia o a tu pastor para obtener apoyo, consejería y oración que lleven a confirmar que el divorcio es la decisión correcta e inevitable.

Es importante considerar que en casos que parecen totalmente perdidos, Dios puede hacer grandes milagros, aun cuando pareciera no haber esperanza alguna. La opción del divorcio bíblico es un último recurso.

**REPASA LAS HERRAMIENTAS QUE HAS APRENDIDO A LO LARGO DE ESTE ESTUDIO:**

Reconocer: *lo que hay* _____ Heb. 12:15

Rendir: *mis heridas y* _____ Ef. 4:31-32

Perdonar: _____ *con la ayuda de Dios.* Col. 3:13

Dejar de Recordar: *las heridas que* _____ Fil. 4:8

**13.** Recita los seis versículos que has memorizado durante las últimas semanas con una compañera de tu grupo. Comparte lo que Dios te mostró esta semana en tu devocional. ¿Has notado que lo que lees en tu devocional empalma con lo que Dios te está mostrando en este estudio?

**Tarea para esta Semana:**

- Repasar Hebreos 12:15, Salmo 147:3, Colosenses 3:13, Lamentaciones 3:22-23, Gálatas 5:1 y Jeremías 17:14. El último versículo para memorizar en este estudio es **Filipenses 4:8.**

- Continuar con el devocional diario en la página 124. Esta semana harás preguntas especiales.

- Contestar la Tarea del Capítulo 11 de las páginas 125-135.

---

El versículo de memoria:

Por lo demás, hermanos, todo lo que es verdadero, todo lo honesto, todo lo justo, todo lo puro, todo lo amable, todo lo que es de buen nombre; si hay virtud alguna, si algo digno de alabanza, en esto pensad. Filipenses 4:8

---

## DEVOCIONAL DIARIO Semana 11: Hacer Preguntas y Observaciones

Esta semana durante tu devocional trabajarás en el libro de la Biblia que estás leyendo actualmente haciendo preguntas para entender el pasaje en su totalidad. Es muy sencillo: pregunta ¿Quién? ¿Cuándo? ¿Dónde? ¿Por qué? ¿Cuánto? ¿Qué? ¿Cómo? ¿Para Qué?

**Ejemplo**: Juan 15:2 *Todo pámpano que en mí no lleva fruto, lo quitará; y todo aquel que lleva fruto, lo limpiará, para que lleve más fruto.* ¿Quién quitará los pámpanos? *Dios.* ¿Por qué? *Porque no llevan fruto.* ¿Qué hará con los fructíferos? *Los limpiará.* ¿Para qué? *Lleven más fruto.*

**Lunes** _____

Pasaje que leí: _____

Lo que Dios me habló: _____

_____

_____

_____

_____

_____

Agradezco_____

Pido que _____

**Martes** _____

Pasaje que leí: _____

Lo que Dios me habló: _____

_____

_____

_____

_____

_____

Agradezco_____

Pido que _____

**Miércoles** _____

Pasaje que leí: _____

Lo que Dios me habló: _____

_____

_____

_____

_____

Agradezco_____

Pido que _____

**Jueves** _____

Pasaje que leí: _____Lo que Dios me habló: _____

_____

Agradezco _____ Pido que _____

**Viernes** _____

Pasaje que leí: _____

Lo que Dios me habló: _____

_____

_____

_____

_____

_____

Agradezco_____

Pido que _____

**Sábado** _____

Pasaje que leí: _____

Lo que Dios me habló: _____

_____

_____

_____

_____

_____

Agradezco_____

Pido que _____

**Domingo** _____

Pasaje que leí: _____

Lo que Dios me habló: _____

_____

_____

_____

_____

Agradezco_____

Pido que _____

# *CAPITULO* **11** Heridas que Encaminan al Bien

> Oración de la semana: Ayúdame, Dios, a ver lo que Tú ves. Dame Tú perspectiva para entender Tu propósito y cómo mis heridas encaminan a bien *"Enséñame Tú lo que yo no veo....De oídas te había oído, mas ahora mis ojos Te ven. " (Job 34:32, 42:5)*

*La gente tiende a pensar que si suceden desgracias es porque Dios la está castigando.* También hace una falsa conexión entre el portarse bien y las bendiciones. Si una persona está enferma o se quedó sin trabajo consideran que "es su culpa" o que "algo debe de haber hecho" y por eso está viviendo situaciones difíciles. Cuando los judíos le comentaban a Jesús acerca de una tragedia que había ocurrido a unos galileos, lo contaron como un acto de justicia en contra de estos por ser muy pecadores. Sin embargo, Jesús les respondió que no les sucedió por ser más pecadores que todos los demás, y más bien todos debían arrepentirse (Lucas 13:1-5). Incluso los discípulos de Jesús tenían esta mentalidad, porque le preguntaron acerca de un hombre ciego de nacimiento: "¿quién pecó, éste o sus padres, para que haya nacido ciego?" (Juan 9:1-3). Antes de sanarlo, Jesús respondió de manera que pudieran entender el corazón de Dios:

*Jesús respondió: — Ni sus propios pecados ni los de sus padres tienen la culpa; nació así para que el poder de Dios resplandezca en él. (Jn. 9:3 BLP)*

Muchas personas consideran que si están "portándose bien" y buscando a Dios fielmente que todo les irá bien. Pero las pruebas también son parte de la voluntad de Dios (Stgo 1). No debemos confiar en nuestras buenas obras para que "todo vaya bien" sino que debemos confiar en Dios. Cuando venga la prueba no dejes de confiar, cuando las lágrimas sean tu pan de día y de noche di: "¿Por qué te abates, o alma mía, y te turbas dentro de mí? Espera en Dios; porque aún he de alabarle, salvación mía y Dios mío." Salmo 42:5.

## La Perspectiva

La perspectiva es una técnica de arte diseñada para crear una imagen tridimensional sobre una superficie plana. La perspectiva significa que se ven las cosas como son en realidad, la totalidad de la imagen, generalmente desde una distancia más lejana.

Es importante ver nuestro sufrimiento desde otra perspectiva. Un ejemplo de la perspectiva lo podemos observar al recordar cómo Job fue puesto en gran aflicción, y cómo su dolor tuvo un propósito eterno, a tal grado que incluso quedó escrito en un libro como esculpido en piedra para siempre, así como él mismo anhelaba (Job 19:23-24). Job tenía mucho que argumentar y preguntar acerca de sus padecimientos: *Porque me ha quebrantado con tempestad, y ha aumentado mis heridas sin causa* (Job 9:17) puesto que su sufrimiento no tenía explicación lógica. Job sabía que no había pecado, y no entendía por qué Dios había permitido algo tan terrible en su vida: *¿He de mentir yo contra mi razón? Dolorosa es mi herida sin haber hecho yo transgresión.* (Job 34:6).

Job quedó sólo, enfermo y sin explicación. Era tan cierto y real su sufrimiento como puede ser la herida o las muchas heridas que has pasado en tu vida. Pero todos sus reclamos y sus quejas se desvanecieron en el momento en que él habló con Dios. Fue Dios mismo, y Su presencia la que resolvió todas sus dudas. Puede ser, al igual que Job, que las respuestas a tus preguntas sólo las obtengas cuando estés delante del trono de Dios y lo veas cara a cara. Será entonces cuando podrás ver las cosas como Él las ve, y entender Sus propósitos para tu vida. Además, es posible que no entiendas el propósito de Dios hasta que pasen décadas o hasta estar parada ante Su trono al final de tu carrera.

*Dios podrá permitir y establecer situaciones específicas para provocar la pregunta cuya respuesta es Él mismo. Como Job, nada en la vida puede explicar por completo su pérdida, ni siquiera Dios. Pero al* ***ver*** *a Dios, Job quedó satisfecho. ~Jaime Foote[1]*

Pero tú tienes mucho más información acerca de Dios que la que tenía Job, él mismo dijo que no sabía cómo buscar a Dios, *¡Quién me diera el saber dónde hallar a Dios!* (Job 23:3). Tú, en cambio, tienes la Biblia completa a la mano y la redención de Jesucristo. Busca a Dios, conócelo bien: Dios no ha cambiado, y *no aflige ni entristece voluntariamente a los hijos de los hombres* (Lam. 3:33) sino que todo lo hace con un propósito eterno. Es momento de formar el hábito de buscar Su propósito en todo lo que nos acontece.

---

### Repasa el versículo de memoria:

Estad_____libertad con la que _____ y

no_____esclavitud. Gálatas ___ : ___

---

## Las Herramientas Para Sanar Heridas

Antes de continuar con éste capítulo repasemos las herramientas que hasta ahora tenemos.

**²Rendir**
Mis heridas y amargura a Dios en arrepentimiento. Efesios 4:31-32

**³Perdonar**
Perdonar las heridas antiguas y nuevas con la ayuda de Dios. Colosenses 3:13

**Ser libre en verdad**
Juan 8:32

**5 Permanecer**
En Cristo y en Su palabra para nunca volver atrás. Juan 15:4

**1 Reconocer**
Lo que hay en mi corazón que pueda contaminarme. Hebreos 12:15

**4 Dejar de Recordar**
Las heridas que he perdonado y fijar mis ojos en Jesús. Filipenses 4:8

**1.** Durante las semanas de trabajo y meditación en este manual has sanado heridas del pasado, pero hay algunas que son tan grandes o tan recientes que requieren de más tiempo. Pídele a Dios que te muestre las heridas que aún no han sanado y donde necesitas aplicar estas herramientas a largo plazo durante los próximos meses. Anota aquí: _____

_____

_____

## Las Apariencias Engañan

Muchas veces decimos que todo está bien, que vamos bien y estamos siguiendo un buen camino, sin embargo esto puede ser simplemente la *apariencia*, porque la realidad puede ser que nuestro corazón siga lleno de *otras cosas* y estemos rechazando *la voluntad de Dios en nuestra vida.* Vivimos en un mundo caído, y eso quiere decir que todos los seres humanos somos pecadores, pecamos unos contra otros y se crean heridas que nos dejan *secuelas* difíciles de sanar. Esas heridas nunca sanarán si permitimos que el pecado se enseñoreé de nosotros y decidimos escuchar otra voz antes que la voz de Dios. La mentira principal de Satanás es "Dios no te ama, por eso permitió *esto* en tu vida." La verdad es que Dios te amó tanto que ha derramado la sangre de Su Hijo con tal de poder cerrar la brecha entre tú y Él. No creas las mentiras para atesorar tus heridas: la Verdad te hará libre. (Jn.14:6).

Repasa el versículo de memoria:

Sáname, oh _____, y seré _____; s_____, y seré_____;
_____ tu _____ _____ alabanza. Jeremías _____:_____

# Historia de una Identidad Perdida

Durante 16 años no pude dormir. La ansiedad se apoderó de mí desde pequeña. Sentía un hueco en el estómago cada vez que se acercaba la noche. Mi mamá trató de suicidarse varias veces de distintas formas, pero la más recurrente era ir a la cocina y amenazarnos con quitarse la vida con un cuchillo cuando discutía con mi padre, casi siempre de noche.

Empecé a creer que ella no me quería, porque, ¿quién se quitaría la vida enfrente de sus hijos? Después, en mi adolescencia, ella se fue a trabajar a Estados Unidos y sentí que se había marchado en el momento en que más la necesitaba. Mi padre trabajaba y estaba constantemente de viaje, por lo que una tía me cuidaba.

En esos años, el rencor, la ira, la depresión y la amargura se apoderaron de mí. Vivía una inestabilidad emocional que se reflejaba en cada relación que tenía con mi familia y con mis amigos. Crecí con un concepto de matrimonio muy distorsionado, rodeada de adulterio por ambas partes.

Quise llenar mis vacíos con noviazgos, sentía que ahí iba a encontrar el amor que mi corazón anhelaba, pero estaba muy equivocada. A los 17 años, después de una ruptura, le entregué mi vida a Cristo. Pasé dos años en depresión, pero Dios fue tan amoroso conmigo, que pude ver claramente su bondad y misericordia.

Fue muy duro conocer lo que dice la Palabra y ver qué equivocada estaba. Oré a Dios por mucho tiempo pidiéndole que re-definiera mis conceptos, acerca de mi identidad, mi rol como mujer, de lo que es el matrimonio, de la pureza y de guardar mi corazón. Estaba decidida a ir contracorriente de lo que dice el mundo en cada aspecto de mi vida.

Ahora, años después, a través de este estudio, he dado cuenta que traía cosas arrastrando: existía en mi interior una falta de perdón que hacía brotar raíces de amargura en mi corazón, y eso no me permitía avanzar. Era como traer un grillete en mi tobillo.

Al leer y memorizar Hebreos 12:15, "Mirad bien, no sea que alguno deje de alcanzar la gracia de Dios; que brotando alguna raíz de amargura, os estorbe, y por ella muchos sean contaminados" me di cuenta que por muchos años había contaminado a las personas con mi amargura y era momento de deshacerme de ello. Así que se lo entregué a Dios de una vez por todas con un gran anhelo de ser liberada de ese peso, reconociendo y rindiendo lo que había en mi corazón con honestidad.
Hoy puedo decir: ¡Soy libre en verdad! ~Rut B.

### Repasa el versículo de memoria:

Por lo _____, hermanos, todo _____, todo lo _____, todo lo _____,
todo lo _____, todo lo _____, todo lo que es de _____ _____; si hay
_____ _____ alguna, si algo digno de alabanza, en esto pensad. Fil. ___:___

## *La Voluntad de Dios*

Elisabeth Elliot fue como misionera con su esposo y otras parejas jóvenes al pueblo de los Aucas en Ecuador. En el segundo encuentro que tuvieron los cinco hombres misioneros con el pueblo Auca fueron masacrados. ¿Cómo se puede explicar una tragedia así? Estaban haciendo la voluntad de Dios, ¿por qué quedaron viudas estas mujeres misioneras con hijos pequeños? Incluso los dos únicos misioneros que habían aprendido la lengua huaorani murieron ese día en 1956. Sólo permanecieron en ese lugar Elisabeth Elliot y Rachel Saint, la hermana del mártir Nate Saint, para continuar la misión de evangelización. Parecía un desperdicio de parte de Dios. Pero el evento produjo una ola de misioneros nuevos, inspirados por la fe de los mártires. La obra paciente de Elisabeth entre los Aucas posteriormente produjo el fruto de salvación de muchos, incluso de los mismos hombres que habían matado a su esposo y a los otros los misioneros. Elisabeth misma explicó su sufrimiento de esta manera:

*"Y he llegado a comprender que, a través del sufrimiento más profundo, Dios me ha enseñado las lecciones más profundas; y, si confiamos en Él para esto, podemos llegar a tener la inquebrantable certidumbre de que Él tiene el control. Él tiene un propósito amoroso. Y Él puede transformar algo terrible en algo maravilloso. El sufrimiento nunca es en vano." ~Elisabeth Elliot[2]*

Tu sufrimiento nunca es en vano. Dios no hace cosas sin sentido, y puede que cada año pasemos por nuevas pruebas, porque vivimos en un mundo caído. Es probable que enfrentemos nuevas heridas y situaciones devastadoras. ¿Qué nos toca hacer? ¿Tirar la toalla? ¿Amargarnos? ¿Seguir el consejo de la esposa de Job y maldecir a Dios? ¿Debemos temer lo que viene de la mano de un Dios que es amor? 1 Pedro 4:12 nos dice que no nos sorprendamos con el fuego de la prueba como si fuera algo extraño, sino que nos gocemos. Desde ahora en adelante podemos enfrentar las pruebas con una perspectiva nueva.

2. Considera todo lo que has aprendido acerca de Dios durante tu tiempo de devocional y trabajando en este estudio, ¿qué pasos deberías seguir al momento de enfrentar una prueba nueva? Compara con tu grupo las diferentes respuestas:

1) _____.    4)_____.

2)_____.    5) _____.

3)_____.    6) _____.

3. ¿Quiénes son las personas a quiénes recurres cuando necesitas un consejo o consuelo en una situación difícil? _____

4. ¿Esa persona o esas personas te hablan con la verdad, oran contigo y te animan a entregar tus heridas ante Dios y buscarlo diariamente? _____

5. Si contestaste "No" a la pregunta 4, pídele a Dios en oración que te muestre la verdad acerca de las personas que te aconsejan y acerca de tus amistades. (1 Corintios 15:33).
   _____
   _____

## El Hábito del Perdón

Vendrán heridas nuevas. Es probable que vuelvas a acumular cachivaches en tu baúl, y por esta razón necesitas hacer el hábito de perdonar. Es de suma importancia recordar: ¿No es **perdonar,** un mandamiento de Dios? Es una acción que debemos de ejercitar de manera continua, tal como lo hacemos con un músculo. Jesús dijo que hasta 70 veces 7 perdonáramos a quien pecara en nuestra contra (Mateo 18:21-22). Ya estamos llegando al final de este manual, ¿has guardado aún algún pecado que se haya cometido en tu contra que es demasiado grande para perdonar y soltar? ¿No es hipocresía negarte a perdonar cuando Dios ha borrado por completo lo que te acusaba a ti? ¿No es un estorbo en tu vida, que inclusive te está anclando al pasado? El que aborrece a alguien está cegado, andando en tinieblas sin saber dónde va, mientras que quien perdona y lo ama anda en la luz (1 Juan 2:11).

## La Lista del Perdón

Cada vez que enfrentes un problema nuevo recuerda **reconocer** que si te dolió y que estas herida en lugar de ignorarlo o enterrarlo; **rendir** ante Dios tu deseo de desquitarte o amargarte, **perdonar** lo que te hicieron con la ayuda de Dios, y **dejar de recordar** para ser libre en tu andar con Él.

6. **Ejercicio práctico para cada herida, futura o pasada:** En una hoja aparte haz una lista de cada ofensa que la persona te hizo y entrega en oración cada punto de la lista que representa tu enojo contra esa persona y las cosas que hizo. Una por una. Puedes pedir algo así:

   *"Dios, te entrego _____ y _____ y_____; te pido que produzcas el perdón en mi corazón para que pueda ser libre en verdad".*

> El perdón es un regalo que te das a ti misma en obediencia a Cristo. Perdonas al que te ofendió porque eso te hará libre y porque Cristo te perdonó a ti primero. Jesús murió por el que pecó contra ti, y pagó el precio de su pecado y tu pecado en la cruz.

## La Esperanza Después de Pasar por el Fuego

Ahora no enfrentarás las pruebas futuras de la misma manera. Has aprendido, por medio de la comunión con Dios en tu estudio diario de Su Palabra y a través de este manual, que Dios puede transformar cualquier situación en algo que "colabora al bien de los que aman a Dios," (Rom. 8:28 BLP). No es que todo "va a salir bien", sino que al final será algo que obrará para bien y glorifique a Dios, así como la muerte de Jim Elliot y los demás misioneros. Así, cuando nuevamente estés en el fuego de la prueba podrás tener esperanza, *que sometida a prueba vuestra fe, mucho más preciosa que el oro, el cual aunque perecedero se prueba con fuego, sea hallada en alabanza, gloria y honra cuando sea manifestado Jesucristo.*(1 Pedro 1:7).

Cuando Jesús inició su ministerio, lo anunció leyendo este pasaje de Isaías 61, este pasaje sigue siendo Su propósito para Sus hijos:

7. **Compara** las dos versiones de Isaías 61:1-3 y **subraya** las acciones que hará Dios en el pasaje de Isaías 61:1-3 (los verbos): Predicar, vendar...

El espíritu de Jehová, el Señor, está sobre mí, porque me ha ungido Jehová. Me ha enviado a predicar buenas noticias a los pobres, a vendar a los quebrantados de corazón, a publicar libertad a los cautivos y a los prisioneros apertura de la cárcel; a proclamar el año de la buena voluntad de Jehová y el día de la venganza del Dios nuestro; a consolar a todos los que están de luto; a ordenar que a los afligidos de Sión se les dé esplendor en lugar de ceniza, aceite de gozo en lugar de luto, manto de alegría en lugar del espíritu angustiado. Serán llamados "Árboles de justicia", "Plantío de Jehová", para gloria suya. (Isaías 61:1-3. **RVR1995**).

El espíritu del Señor Dios me acompaña, pues el propio Señor me ha ungido, me ha enviado a dar la buena noticia a los pobres, a vendar los corazones destrozados, a proclamar la libertad a los cautivos, a gritar la liberación a los prisioneros, a proclamar un año de gracia del Señor y un día de venganza de parte de nuestro Dios; a dar consuelo a los que están de luto, a cubrirlos de honor en lugar de polvo, de perfume de fiesta en lugar de penas, de traje festivo en lugar de abatimiento. Los llamarán "robles fruto de la justicia", plantío para gloria del Señor. (Is. 61:1-3. **BLP**)

8. ¿Qué promete hacer con los que están de luto?_____
9. ¿Qué se les dará a los afligidos en lugar de ceniza/polvo? _____
10. ¿Para gloria de quién será todo esto?_____

Repasa el versículo de memoria:

Por la misericordia de Jehová_____

_____

_____ Lamentaciones 3:___-___

## La Mira en Las Cosas de Arriba

A diferencia del mundo, Dios no ofrece una solución, ofrece santificación. Charles Spurgeon dijo: "Somos muy propensos a grabar nuestros sufrimientos en mármol y escribir nuestras bendiciones en la arena."[3] Sabemos que cada prueba nueva es una oportunidad para ser perfeccionados en el amor de Dios, y profundizar en nuestra relación con Él. Los tiempos más preciosos de devocional se presentan cuando estamos enfrentando grandes pruebas y buscándole fervientemente.

## Pregunta para compartir juntas

**11.** ¿Cuándo en realidad tenemos todo bajo control?_____ ¿Por qué?

_____

## El Camino a la Santificación

Por tanto, no desperdicies tu vida. Ya no te detengas en la búsqueda de la respuesta al *¿por qué* me pasó a mí?  Sino extiéndete hacia el *¿para qué* viví esto, y *qué quiere Dios* que yo haga? Billy Graham habló de los propósitos de Dios diciendo: *La mano de Dios jamás resbala. Nunca se equivoca. Cada uno de sus actos es para nuestro bien*[4]. Lo que otros nos hayan hecho, lo que Dios haya permitido tiene un propósito glorioso. Él cambia las cenizas en esplendor y gloria. ¿Cuál es **tu** propósito?

Muchas de las mujeres que han estudiado las verdades que sustentan este manual han sido transformadas por Dios: hemos visto a muchas mujeres sanadas y renovadas. Pero cada año hay por lo menos una mujer que decide que el dolor de abrir heridas y entregarlas a Dios es demasiado difícil, y decide continuar aferrada a su dolor. Otras más, aunque terminan el manual en su totalidad, nunca llegan a comprender las verdades de la Biblia y a discernir las mentiras que han creído y continuan su vida ahogadas en la amargura y la ira. La única diferencia entre tú y ellas está en cuánto tiempo has dedicado a la oración, la lectura de la Biblia y comunión con Cristo. Este manual no hará la diferencia en tu vida, sino las verdades de la Biblia que aquí se exponen. La libertad está en conocer a Dios, y el camino a la santificación está en permanecer en Él (Juan 15).

Repasa el versículo de memoria:

Él sana _____ Salmo_____

Repasa el versículo de memoria:

Por lo demás, hermanos _____ ___ _____ es verdadero, _____, todo
_____, todo lo puro, _____, _____
nombre; si_____, _____ digno _____, en
_____ .                                                    ses 4:

## Historia de una Vida Restituida

Cuando me hicieron la invitación para participar en este estudio, la verdad es que entré expectante de lo que Dios haría en mi vida. Fue un tiempo de contención y cuidado en el cual Dios me permitió ver lo que había en mi corazón y aún faltaba por sanar. De esta manera, pude reconocer que aún había en mí interior sentimientos de odio hacia ciertas personas que me hicieron daño en mi niñez.

Por otra parte, viví atrapada durante 23 años en medio de recuerdos, emociones y sentimientos relacionados con el hombre que, días antes de la boda, rompió el compromiso de matrimonio que había establecido conmigo.

Era como si yo hubiera quedado atrapada en un contrato invisible con él, imposible de cancelar y que por largos años no me permitió vivir en paz; anhelaba que esto terminara, necesitaba seguir con mi vida. Entonces ¡aprendí a ser autentica con Dios y Él tuvo misericordia de mí!

Doy gracias infinitas por lo que hizo en mi vida a través de este estudio. El saber que Jesucristo estuvo conmigo en cada circunstancia del pasado quebrantó mi corazón. Finalmente, entregue todo el pasado a Dios y así, pude perdonar y dejar de recordar. "...las cosas viejas pasaron; he aquí todas son hechas nuevas". 2 Corintos 5:17. ~ Ika

Repasa el versículo de memoria:

_____ unos a otros y perdonándoos _____ si alguno_____
queja _____ otro. De _____ que Cristo os _____ así
           hacedlo                    . Colosenses        :

## Segura en Él

Corrie Ten Boom[5] dijo que "El lugar más seguro es en el centro de la voluntad de Dios." Podemos saber la voluntad de Dios buscándolo diariamente en Su Palabra y conociéndolo. Dios es inmutable, nunca cambiará, y Su voluntad para ti siempre será consistente con lo que Él ha establecido en la Biblia de antemano.

## *Cómo Saber si Algo está Dentro de la Voluntad de Dios*

Es muy probable que algo está dentro de la voluntad de Dios para tu vida si **cumple con cada uno de los cinco puntos** siguientes:

1) Es algo que es bíblicamente correcto y no rompe con las ordenanzas de Dios. Por ejemplo: perdonar, compartir, ir, esperar. Mientras que adulterar, robar, mentir y odiar quebrantan los mandamientos de Dios.

2) Hay una puerta abierta: Surge una oportunidad, disponibilidad, posibilidad de hacer algo o la provisión esperada.

3) Hay confirmación de parte de Dios en Su Palabra, durante un periodo prolongado en el devocional. No al abrir la Biblia y poner el dedo en alguna parte.

4) Hay confirmación mediante el consejo de varias personas maduras en Cristo. No tus amistades sino de ancianos de la iglesia y el pastor y otras personas que son sensatas y buscan a Dios.

5) Sientes paz. Esta es una paz que sobrepasa el entendimiento (Fil. 4:7) después de ponerlo ante Dios en oración durante un periodo de muchos días. Esta paz es diferente al fuerte deseo de hacer algo en tus propias fuerzas.

Muchos buscan justificar su pecado torciendo las Escrituras para que algo malo parezca bueno. Para no caer en eso, puedes usar este parámetro de **Edgard Möller**[6] para tomar decisiones de peso:

*Cuando no me interesa la voluntad de Dios, cualquier oportunidad se ve buena.*

*Pregúntate: ¿Me conviene participar en eso? ¿Podré terminar dominado por esto?*

*¿Podré hacer tropezar a otros si participo en esto?*

**[2] Rendir**
Mis heridas y amargura a Dios en arrepentimiento.
Efesios 4:31-32

**[3] Perdonar**
Perdonar las heridas antiguas y nuevas con la ayuda de Dios.
Colosenses 3:13

**Ser libre en verdad**
Juan 8:32

**[5] Permanecer**
En Cristo y en Su palabra para nunca volver atrás. Juan 15:4

**[1] Reconocer**
Lo que hay en mi corazón que pueda contaminarme.
Hebreos 12:15

**[4] Dejar de Recordar**
Las heridas que he perdonado y fijar mis ojos en Jesús.
Filipenses 4:8

**12.** ¿Puedes repetir de memoria todos los versículos de manera correcta? Si aún te equivocas en algunos, toma tiempo la próxima semana para repasarlos. Escríbelos en una hoja que puedas pegar en un lugar visible: como en el auto, en el espejo de tu habitación, en tu teléfono celular etc.

**13.** Si aún no has logrado leer tu Biblia por 7 días seguidos, esta semana es la última semana para cumplir con la meta. Es una buena idea programar una alarma en tu teléfono celular para que no se te olvide.

Repasa el versículo de memoria:

Por lo demás, _____

_____

_____

en esto pensad. _____ __ : __

**Tarea para esta Semana:**

- Repasar Heb. 12:15, Sal. 147:3 y Col. 3:13. Lam. 3:22-23, Gál. 5:1, Jer. 17:14. Y sobre todo el último versículo: Filipenses 4:8
- Continuar con el devocional diario en la página 136. Esta semana harás preguntas especiales y buscarás cumplir con los 7 días seguidos sin olvidar leer un sólo día si no lo has hecho aún.
- Contestar la Tarea del Capítulo 12 de las páginas 137-144. ¡Ya es el último capítulo!

## DEVOCIONAL DIARIO Semana 12: Hacer Preguntas que Conectan

Esta semana durante tu devocional trabajarás en el libro de la Biblia que estás leyendo actualmente buscando palabras que conectan para entender el pasaje en su totalidad. Subraya palabras como: **Pero, más, sino** (contrastan algo). **Si** (indica una condición). **Porque, a causa de** (nos da una razón). **Así que, de manera que** (nos muestra un resultado). **Como, así, semejante a** (hace una comparación). **Para que, a fin de que, para** (muestra el propósito).

**Ejemplo**: Juan 15:4 *Permaneced en mí, y yo en vosotros.* **Como** *el pámpano no puede llevar fruto por sí mismo,* **si** *no permanece en la vid,* **así** *tampoco vosotros,* **si** *no permanecéis en mí.*

Como: comparación de pámpanos. Si: condición de permanecer para llevar fruto.

| Lunes _____ | Viernes _____ |
|---|---|
| Pasaje que leí: _____ | Pasaje que leí: _____ |
| Lo que Dios me habló: _____ | Lo que Dios me habló: _____ |
| Pregunta: _____ | Pregunta: _____ |
| Martes _____ | Sábado _____ |
| Pasaje que leí: _____ | Pasaje que leí: _____ |
| Lo que Dios me habló: _____ | Lo que Dios me habló: _____ |
| Pregunta: _____ | Pregunta: _____ |
| Miércoles _____ | Domingo _____ |
| Pasaje que leí: _____ | Pasaje que leí: _____ |
| Lo que Dios me habló: _____ | Lo que Dios me habló: _____ |
| Pregunta: _____ | Pregunta: _____ |

Jueves _____

Pasaje que leí: _____

Lo que Dios me habló: _____

Pregunta: _____

# *CAPITULO* **12** ¿Qué sigue ahora?

Oración de la semana: Dios muéstrame mi propósito y la obra para la cual me has preparado. *Porque somos hechura suya, creados en Cristo Jesús para buenas obras, las cuales Dios preparó de antemano para que anduviésemos en ellas.* Efesios 2:10

*El propósito de este manual ha sido ayudar a las personas que han sufrido grandes* pérdidas y heridas. ¿Qué tan difícil fue? ¿Lograste reconocer, rendir, perdonar, dejar de recordar y ser libre en verdad? Nunca es fácil el proceso de reconocer una herida, abrirla, limpiarla con la verdad de Dios y vendarla para evitar que nuevamente se infecte. Este proceso que has vivido no terminará al cerrar las páginas de este manual.

Al contrario, al concluir con este estudio apenas comienza la historia de nuestro andar con Dios. Aunque en el futuro pasemos por las pruebas más duras, y nos cubra un mar de aflicción, Dios no cambia; ni tampoco en medio del fuego de la prueba cambiarán Sus verdades. Las herramientas que hemos aprendido en este manual, y los versículos memorizados los podremos utilizar continuamente para sanar las heridas nuevas y evitar caer en la amargura y la esclavitud.

De paz inundada mi senda ya esté,
O cúbrala un mar de aflicción,
Cualquiera que sea mi suerte, diré
Estoy bien, tengo paz, ¡Gloria a Dios!

*Coro:* Estoy bien, Con mi Dios
Estoy bien, estoy bien, con mi Dios

Ya venga la prueba o me tiente Satán,
No amengua mi fe ni mi amor;
Pues Cristo comprende mis luchas, mi afán
Y su sangre obrará en mi favor.
~Horatio Spafford[1]
Trad. Pedro Grado Valdés

El Himno "It is Well with my Soul" (mi alma está bien con Dios) fue escrito por Horatio Spafford quien perdió a sus 4 hijas en un naufragio en 1873. En este naufragio sólo sobrevivió su esposa, Anna. Desolada por la pérdida de sus hijas, Anna dijo después: "Dios me dio cuatro hijas. Ahora me han sido arrebatadas. Algún día entenderé por qué." Horatio viajó en barco de América a Europa para alcanzar a su esposa. Cuando el buque donde viajaba pasó por la zona donde había naufragado el barco de Anna y sus cuatro hijas, fue muy grande su tristeza y no pudo dormir toda la noche. De esa noche agonizante nació la letra de este himno tan conmovedor.

C.S. Lewis escribió un libro muy personal después de la muerte de su amada esposa Helen, titulado *Una Pena en Observación*. Originalmente fue un conjunto de notas que él escribió mientras pasaba por la agonía de la pérdida. Aunque quiso que se publicara de manera anónima con un pseudónimo, se publicó después de su muerte bajo su propio nombre. Este libro pequeño narra la secuencia honesta y apasionada de pensamientos por los que atravesó C.S. Lewis y las preguntas que él mismo se hacía acerca de Dios en medio de la pena insoportable:

*"Y, en el entretanto, ¿Dios dónde se ha metido? Éste es uno de los síntomas más inquietantes. Cuando eres feliz, tan feliz que no tienes la sensación de necesitar a Dios para nada, tan feliz que te ves tentado a recibir sus llamadas sobre ti como una interrupción, si acaso recapacitas y te vuelves a Él con gratitud y reconocimiento, entonces te recibirá con los brazos abiertos... o al menos así es como lo vive uno. Pero ve hacia Él cuando tu necesidad es desesperada, cuando cualquier otra ayuda te ha resultado vana, ¿y con qué te encuentras? Con una puerta que te cierran en las narices, con un ruido de cerrojos, un cerrojazo de doble vuelta en el interior. Y después de esto, el silencio." (p.6)[2]*

Esta misma duda nos ha angustiado en medio de las penas. ¿Dios está en silencio? ¿No contesta? La respuesta que encontró C.S. Lewis es la misma que Dios nos ha dado:

*"Poco a poco he llegado a sentir que la puerta ya no está cerrada ni tiene echados los cerrojos. ¿No sería mi propia necesidad frenética lo que me la cerraba en las narices? Los momentos en que el alma no encierra más que un puro grito de auxilio deben ser precisamente aquellos en que Dios no la puede socorrer. Igual que un hombre a punto de ahogarse al que nadie puede socorrer porque se aferra a quien lo intenta y le aprieta sin dejarle respiro. Es muy posible que nuestros propios gritos reiterados ensordezcan la voz que esperábamos oír. Porque por mucho que nos digan: «Llama y se te abrirá», llamar no significa aporrear y martillear la puerta como un poseso. Se nos dice también: «A los que tienen sed se les dará». Pero, a fin de cuentas, hay que tener capacidad para recibir; si no, ni la omnipotencia sería capaz de dar." (p. 21)[3]*

## Dios No Está Callado

Todo lo que hemos aprendido en las semanas pasadas se resume en esta simple frase: Dios no está lejos ni está callado. Ante cada prueba nueva debemos aferrarnos a las verdades que conocemos de Él. Por esta razón, la última herramienta deberá ser **permanecer**:

<sup>2</sup>**Rendir**
Mis heridas y amargura a Dios en arrepentimiento.
Efesios 4:31-32

<sup>3</sup>**Perdonar**
Perdonar las heridas antiguas y nuevas con la ayuda de Dios.
Colosenses 3:13

**Ser libre en verdad**
Juan 8:32

1 **Reconocer**
Lo que hay en mi corazón que pueda contaminarme.
Hebreos 12:15

5 **Permanecer**
En Cristo y en Su palabra para nunca volver atrás. Juan 15:4

4 **Dejar de Recordar**
Las heridas que he perdonado y fijar mis ojos en Jesús.
Filipenses 4:8

## Resumen de lo Aprendido

- En el capítulo 1 descubrimos que las heridas guardadas no sanan por sí solas.

- En el capítulo 2 reconocimos que teníamos heridas infectadas que estaban envenenándonos y también a los que nos rodean.

- En el capítulo 3 entendimos que la ira que sentíamos en contra de los que nos habían dañado se había convertido en pecado y un deseo de venganza que sólo nos hundía más en el dolor.

- En el capítulo 4 comprendimos que el perdón no es borrar lo que nos hicieron sino un regalo de libertad para nosotras; y que al entregar la herida a Dios podíamos confiar en Su justicia y venganza.

- En el capítulo 5 doblegamos nuestra voluntad y perdonamos como acto de obediencia y experimentamos el milagro del perdón en nuestro corazón.

- En el capítulo 6 enfrentamos la depresión y el desánimo y aprendimos a aferrarnos al Consolador y Libertador que es Jesús.

- En el capítulo 7 pudimos llorar nuestras pérdidas y dejar "el hubiera" y "el por qué" que nos anclaban al pasado.

o—→ En el capítulo 8 estudiamos las cisternas rotas que no retienen el agua y las fuentes con las que nos consolábamos en lugar de acudir a Dios, fuente de agua viva.

o—→ En el capítulo 9 confesamos nuestra falta de dominio propio y esclavitud y buscamos una compañera a quien rendirle cuentas de nuestras actividades.

o—→ En el capítulo 10 dejamos atrás las heridas que habíamos perdonado y no volvimos a meditar en ellas.

o—→ En el capítulo 11 vimos cómo Dios puede transformar lo que fue arruinado en algo glorioso, incluso las heridas más terribles. Y entendimos qué es ser verdaderamente libres.

o—→ En el capítulo 12 buscaremos el propósito de Dios para nuestra vida y las obras que Él ha preparado de antemano para que andemos en ellas.

## Hábitos Nuevos

Aunque concluyas este manual, no has concluido el trabajo de renovar tu entendimiento y mantener tus hábitos de lectura de la Palabra, hábitos de sano pensamiento (Fil 4:8), hábitos de dominio propio y hábitos de rendición de cuentas. No dejes de ejercitarte en la fe: *Así que, yo de esta manera corro, no como a la ventura; de esta manera peleo, no como quien golpea el aire, sino que golpeo mi cuerpo, y lo pongo en servidumbre, no sea que habiendo sido heraldo para otros, yo mismo venga a ser eliminado* (2 Corintios 9:26-27).

> "Puedes elegir sobrellevar el dolor y el quebranto, de la mano de Dios y en Su presencia, o sola. La diferencia es abismal." ~Lorena Gallardo[4]

## ¿Cuál es tu Propósito?

¿Has visto la mano de Dios en tu vida? ¿Estás firmemente convencida de Su amor? ¿Has sido sanada por Dios y has recibido su consolación?

*Bendito sea el Dios y Padre de nuestro Señor Jesucristo, Padre de misericordias y Dios de toda consolación, el cual nos consuela en todas nuestras tribulaciones, para que podamos también nosotros consolar a los que están en cualquier tribulación, por medio de la consolación con que nosotros somos consolados por Dios. Porque de la manera que abundan en nosotros las aflicciones de Cristo, así abunda también por el mismo Cristo nuestra consolación. (2 Corintios 1:3-5)*

1. ¿Con qué consolación podremos consolar a otros? _____

2. ¿Qué abundará cuando tengamos muchas aflicciones? _____

*Pues somos la obra maestra de Dios. Él nos creó de nuevo en Cristo Jesús, a fin de que hagamos las cosas buenas que preparó para nosotros tiempo atrás. Efesios 2:10 (NTV)*

## Servir a Dios

Los japoneses tienen una hermosa tradición que se llama *kintsugi*. Cuando se rompe un tazón de porcelana, no lo tiran a la basura, sino que vuelven a pegar los pedazos con oro fundido. De esta manera, se vuelve una pieza más resistente gracias al oro, además de ser más hermosa y más valiosa. Las cicatrices que Dios ha permitido en tu vida tienen un propósito y para Él tú eres muy valiosa. Dios te formó con dones específicos, experiencias específicas, en una familia y ciudad específica para que fueras un testimonio glorioso de lo que Él es. Es momento de orar, y pedirle a Dios que te muestre cuál es tu propósito, y de qué manera puedes servirle.

## Una Encomienda Apremiante

Espero que tengas la certeza en tu mente y corazón de que Dios te creó, te rescató, te perdonó y te dio vida nueva a través de la obra redentora de Su Hijo Jesucristo. Él te ama con un amor maravilloso e indescriptible y tiene un propósito eterno para tu vida (Juan 3:16) (Efesios 2:10).

En Su misericordia, Él te redimió para restablecer la relación que por causa del pecado se había roto. (Génesis 2:17) Y por Su gracia, no sólo te otorgó vida nueva, sino que por medio del Espíritu Santo - que ahora vive en ti – también te capacita para que lo glorifiques obedeciendo su Palabra. Cumplir tu propósito implica llevar las buenas nuevas, el evangelio, a toda persona que lo demande. Tú sabes que "todos estamos destituidos de la gloria de Dios" (Romanos 3:23) y necesitamos con urgencia conocer cuál es "el camino, la verdad y la vida" – Jesucristo - para llegar al Padre. (Juan 14:6) (Apocalipsis 22:12).

La Biblia nos enseña que el regreso de Jesús por Su iglesia es inminente, y Él mismo instó a Sus seguidores a estar preparados (Lucas 12:40; 21:34-36; Marcos 13:33). Como nadie ha sabido, ni puede predecir exactamente cuándo vendrá nuevamente (Mateo 24:36), debemos vivir con la expectativa de que puede venir en cualquier momento, pues el plan de Dios avanza y sólo se "retrasa" para que todos los elegidos se salven (Romanos 8:29).

Así que si te preguntas ¿Jesús vendrá pronto? decimos:
**"Si, vendrá sin demoras innecesarias."** *~Tony Velasco*

*"El Señor no retarda su promesa, según algunos la tienen por tardanza, sino que es paciente para con nosotros, no queriendo que ninguno perezca, sino que todo procedan al arrepentimiento". (2 Pedro 3:9). "Velad, pues, porque no sabéis a qué hora ha de venir vuestro Señor" (Mateo 24:42).*

## Preguntas para compartir juntas

La última sección de este manual consiste en una serie de preguntas que contestarán como grupo.

¿De qué manera ha cambiado tu perspectiva de cómo es Dios desde el primer día que iniciaste este estudio hasta hoy?

¿En qué capítulo viviste el mayor quebrantamiento?

Para ti, ¿cuál fue la herramienta más difícil de trabajar: Reconocer, Rendir, Perdonar o Dejar de Recordar?

¿De qué manera ha cambiado tu comunión con Dios?

¿Cuál fue la mayor revelación?

### En mi corazón he guardado tus dichos, Para no pecar contra ti. Salmo 119:11

Escribe todos los versículos que aprendiste de memoria; una vez que los hayas escrito, revisa en las páginas anteriores si ya pudiste hacerlo sin equivocarte.

1. Hebreos _____:_____ M_____
   _____

2. Salmo _____: _____ É_____
   _____

3. Colosenses ____: _____ S_____
   _____
   _____

4. Gálatas ____: _____ E_____
   _____
   _____

5. Lamentaciones \_\_\_:\_\_\_ P_____

_____

_____

6. Jeremías \_\_\_\_: \_\_\_\_ S_____

_____

7. Filipenses \_\_\_:\_\_\_ P_____

_____

_____

_____

*Mujeres*

En un sueño vi a un grupo singular,

a un grupo de mujeres por el campo caminar,

su rostro era feliz, y dulce su mirar,

y se inclinaban para algo levantar.

Yo le pregunté al Señor:

¿Qué es lo que levantan?

no son flores ni frutos...

y Él me contestó:

Son mujeres, levantando a otras mujeres,

son mujeres restauradas por el poder de mi amor,

pies de ciervas, por mi gracia ellas tienen,

son mujeres preparadas con dispuesto corazón.

En un sueño vi, a un grupo singular,

a un grupo de mujeres por el campo caminar,

eran tan hermosas, su gracia era sin par,

realizaban su tarea con gran seguridad

Canción compuesta por María Luisa Moreno Gutiérrez[5]

## Un Corazón Agradecido

Escribe tu oración de agradecimiento a Dios por lo que ha hecho en tu vida, y pídele que camine contigo y no permita que te apartes de Él jamás: _____

_____

_____

_____

_____

_____

_____

_____

_____

_____

_____

_____

_____

_____

_____

_____

_____

_____

_____

_____

_____

_____

_____

*De parte de Jehová es esto,*

*Y es cosa maravillosa a nuestros ojos. Salmo 118:23*

# RECURSOS

¿Te gustó este estudio? escribe a infosemillacuerna@gmail.com para que te enviemos más estudios gratuitos como este. A continuación encontrarás una lista de libros que recomendamos para continuar sanando heridas y conociendo a Dios de manera más profunda:

Amor y Respeto. Emerson Eggerichs

El Desafío del Amor. Stephen & Alex Kendrick

Mentiras que las Jóvenes Creen. Nancy Leigh DeMoss

Solamente por Gracia. Charles Spurgeon

En Pos de lo Supremo. Oswald Chambers

Manantiales en el Desierto. L.B. Cowman

El Amor del Calvario. Amy Carmichael

Una Pena en Observación. C. S. Lewis

No Desperdicies Tu Vida. John Piper

Sufrir Nunca es en Vano. Elisabeth Elliot

Liderazgo Espiritual. John Oswald Sanders

Cuando lo Que Dios Hace No Tiene Sentido. James Dobson

Sanada y Puesta en Libertad. Tammy Brown

El Problema del Dolor. C. S. Lewis

Mentiras que las Mujeres Creen. Nancy Leigh DeMoss

Pies de Ciervas en los Lugares Altos. Hannah Hurnard

# AGRADECIMIENTOS

### Keilah Foote

Le agradezco tanto a Dios, por permitir las heridas físicas y emocionales que me empujaron a encontrar una solución a mi dolor, y por darme la oportunidad de compartir lo que aprendí con otros que buscan sanidad. Le agradezco a mis pastores que asesoraron pacientemente cada detalle y apoyaron tanto para que este proyecto llegara a ser lo que es hoy. Le doy gracias también a mi esposo, que participó tanto durante la creación de este manual, que contestó pacientemente todas mis preguntas doctrinales y me ayudó formar bosquejos y opinar en contenido cuando yo ya estaba atorada. Has sido mi baluarte durante el proceso de sanidad continua, llamándome la atención así como consolándome y animándome con la Palabra.

### María Luisa Moreno

Señor, gracias infinitas por haberme permitido ser parte de este proyecto;  gracias porque he podido experimentar; en  carne propia lo que sólo Jesús, tu Hijo amado, puede hacer con un puñado de cenizas; solamente tú puedes dar sentido y propósito al dolor, y  este manual es prueba de ello. Gracias Espíritu Santo  por tu dirección, consejo y aliento y por renovar mis fuerzas cuando sentí que no tenía ninguna. Y gracias queridas Keilah, Karlita y Tony, he aprendido mucho de ustedes a lo largo de esta aventura compartida, cuyo propósito nació en el corazón de Dios.

### Karla Castañeda

Muchas gracias a Dios, por permitirme participar en este proyecto por Su gracia. En cada paso sigue trabajando la sanidad en mí, ha sido muy edificante. Gracias a los lectores por abrir su corazón y permitirle al verdadero Sanador hacer Su obra en ustedes. Filipenses 1:8-11.

### María Antonieta Velasco

Sólo la gracia de Dios, hizo posible que al final de este proyecto fuera invitada a colaborar brevemente en este valioso manual. Agradezco a Keilah y a mi querida amiga Luisa este favor inmerecido, en el que puedo ver la mano de nuestro Señor, llamándome a confiar y rendirme completamente a Él para servirle donde Él tiene dispuesto, aún en medio de difíciles momentos personales. Gracias a Dios.

*No podríamos haber logrado todo esto sin el apoyo y las oraciones del equipo de líderes que dirige De Cenizas a Esplendor en grupos pequeños con mujeres:*

Dina Morales. Ana Olivares. Ana Noriega. Dani Reyes. Konny Ramírez. Martha Ávila. Paty Mata. Norma Morales. Yessy Hernández. Nenetzen Saavedra. Laura Sosa. Lili Mendoza, Aidé Chávez y Columba Hernández.

*Y nuestro agradecimiento a las esposas de pastor que enriquecieron los temas y aportaron tanto para la revisión final del manual:*

Diana Torres, Lili Möller, Yunuen Montelongo, Christa Foote, Rut Nolasco, Coco Mendoza, Stacy Villegas, Laura Nolasco, Mónica Serrano, Tere Orozco, Rocío Castañeda y Aly Arenas. Además de Katie Bolf, Lorena Gallardo, Letizia García, Karol de Sánchez, Dámaris Gálvez, Graciela Hevia, Faviola Arroyo, Rebeca Torres, Ofelia Chamorro y Esther Flores.

# Y GRACIAS A TODAS LAS QUE COMPARTIERON SUS HISTORIAS EN ESTAS PÁGINAS.

# CITAS

## Capítulo 1
1. Lewis. Clive Staples. El Problema del Dolor. Ediciones Rialp, Madrid. 1 feb. 2017 - 160 páginas. P. 159.

## Capítulo 2
1. Thompson, Francis. El Lebrel del Cielo. http://www.hjg.com.ar/txt/poesia/lebrel.html. Traducción Carlos Sáenz.
2. Brown, Tammy. Healed and Set Free. Seek First Publications. 2012. Página 36. Traducción K. Torres.
3. Bucker, Brett. Staring into the void: God and the Holocaust. 2005 Aarweb.Org. Traducción K. Torres
https://www.aarweb.org/sites/default/files/pdfs/Programs_Services/Journalism_Award_Winners/2006Buckner.pdf

## Capítulo 3
1. Lewis, C. S. Si Dios no Escuchase: Cartas a Malcom. Ediciones Rialpe. 2017. Página 102.
2. Rencor. REAL ACADEMIA ESPAÑOLA: Diccionario de la lengua española, 23ª ed., [versión 23.3 en línea]. https://dle.rae.es [24/05/2020].
3. Guthrie, Thomas. Manantiales en el Desierto, Señora Cowan Tomo II, 13 de noviembre 1990
4. Carmichael, Amy. El Amor del Calvario. CLC Publications 2004.

## Capítulo 4
1. Lewis, C.S. "El peso de la gloria y otros ensayos". Sobre el Perdón. Ed. RIALP, Madrid. 2017. Ed. Española por Gloria Esteban Villar. Pág. 84-86.
2. Foote, Christa. Conversación durante Estudio de Cenizas. Cuernavaca, Morelos. 19 abril 2021.
3. Adsit, Chris. Puentes Hacia la Sanidad. Military Ministry. Página 31. Traducción K. Torres

## Capítulo 5
1. Smith, Kay. Agradando a Dios. Calvarychapel.com
2. Orozco, Teresa. Conversación durante Estudio de Cenizas. Playa del Cármen. 26 Abril 2021.
3. Piper, John. The Major Obstacle in Forgiving Others. Ep 717. Octubre 2015. Traducción K. Torres
https://www.desiringgod.org/interviews/the-major-obstacle-in-forgiving-others
4. Foote, Jaime. *Metanoia.* Estudio de 2 Corintios. 16 de julio 2018. https://www.semillacuerna.com/10_2COR2018_METANOIA.mp3
5. Torres, Diana. Conversación durante Estudio de Cenizas. Carolina del Norte. 26 de Abril 2021.

## Capítulo 6
1. Spurgeon, Charles Haddon. Spurgeon at His Best: Over 2200 Striking Quotations from the World's Most Exhaustive and Widely-read Sermon Series. Baker Publishing Group. 1988.
2. Adsit, Chris. Puentes Hacia la Sanidad. Military Ministry. Página 44.

## Capítulo 7
1. Moreno Gutiérrez, María Luisa. *Orfebre y Alfarero.* Poema. 2000. Cuernavaca Morelos, México.
2. Piper, John. *Embrace the Life God Has Given You.* Desiring God. Visited October 2021. Traducción Jaime Foote.
https://www.desiringgod.org/embrace-the-life-god-has-given-you.

## Capítulo 8
1. Clairvaux, St. Bernard. Correspondence: les lettres d'amitié spirituelle. 1150. Impr. 1980 pg 186

## Capítulo 9
1. MacArthur, John. Esclavo. Ed. Grupo Nelson. 2011. Página 211.
2. Bolf, Katie. Conversación. León Guanajuato. 15 de febrero 2022.
3. Foote, Jaime. Sermón del 1º/12/19. Semilla de Mostaza Cuernavaca.
4. Helsey, Jonathan y Melissa. No Longer Slaves. Traducción. Julio Melgar
5. Melemis, Steven Melemis MD, PHD. What is Addiction? YouTube. 2016. Traducción K. Torres.
https://www.youtube.com/watch?v=5DgvHnt-_x0
6. Obsesión, Cuerpos que gritan. Documental de NatGeo TV. 2011
7. MacArthur, John. Esclavo. Ed. Grupo Nelson. 2011 Página 97.

## Capítulo 10
1. Gronway, Abigail. Where are you dwelling? 2018. Cita de Elizabeth Elliot.
https://darksideofthemoon583.com/2018/03/06/where-are-you-dwelling/
2. Acordar. Diccionario Panhispánico de Dudas. Real Academia Española 2005. https://www.rae.es/dpd/acordar

3. Foote, Jaime. Sermón circa año 2000. Tehuacán Puebla.
4. Nolasco, Laura. Conversación durante Estudio de Cenizas. Puebla. 27 Abril 2021.
5. Mally, Sarah. Mientras Llega Tu Príncipe Azul. CreateSpace Independent Publishing Platform. 2012 p. 112
6. Velasco Rangel, María Antonieta. Conversación. Cuernavaca, Morelos 28 septiembre 2021.

## Capítulo 11
1.  Foote, Jaime. "Dios No Está Callado" estudio en Job 39-40. 3 mayo 2020. www.semillacuerna.com
2.  Elliot, Elisabeth. Sufrir Nunca es en Vano. B&H Publishing Group, Nashville. 2020. p 1.
3. Spurgeon, Charles. *Sermon 939, The Pilgrim's Grateful Recollections.* Christian Classics Ethereal Library. Recuperado 31/07/2021 https://www.ccel.org/ccel/spurgeon/sermons16.xxxii.html
4. Graham, Billy. Devocional. Enero. 2012. https://billygraham.org/devotion/god-never-makes-mistakes/
5. Ten Boom, Corrie. *God is My Hiding Place: 40 devotions for refuge and strength.* Chosen Books. 2021, pg 81.
6. Möller, Edgard. Sermón 6 de febrero 2020. Calvary.mx

## Capítulo 12
1. Spafford, Horatio. It is Well With My Soul. 1873.  Traducción Pedro Grado Valdés.
2. Lewis. C.S. Una Pena en Observación. Anagrama. 1994. Página 6.
3. Lewis. C.S. Una Pena en Observación. Anagrama. 1994. Página 21.
4. Gallardo, Lorena. Conversación durante el estudio. Mérida, Yucatán. 15 de febrero 2022.
5. Moreno Gutiérrez, María Luisa. *Mujeres.* Canción. 2000. Cuernavaca, Morelos, México.

## Sección del Matrimonio
1. Castañeda, Rocío. Conversación durante el estudio De Cenizas a Esplendor. Memphis, TN. Abril 2021

## Guía del Líder
1. Curso 3. Guía del Líder Los Navegantes. NavPress. Segunda Edición en Español. 1999

## Apéndice A: Recursos para Situaciones Especiales
1. Recurso informativos creados por Psicoterapeuta María Antonieta Velasco Rangel.
2. Recurso legal creado por José Miguel Castillo Castilla & Mayra Michelle Castillo Trejo & Micaela Castillo Trejo.
3. InMujeres. *No Estás Sola.* Imagen. Instituto Nacional de las Mujeres. México Recuperado el 22 de octubre 2021 de gob.mx/inmujeres

# GUÍA DEL LÍDER DE ESTUDIO

## *Consideraciones Específicas del estudio De Cenizas a Esplendor*

- Al abrir grupos para trabajar este manual sugerimos que se haga por invitación directa, y no se anuncie en la congregación. Esto permite personalizar los grupos y mantenerlos pequeños en no más de 5-6 personas por grupo, y por los contenidos que se comparten, es recomendable tener un límite de edad mínima de 18 años. En caso de que se requiera trabajar con una jovencita, es recomendable hacerlo en un grupo específico.

- Este estudio es especial debido al nivel de discreción que requiere. **No compartas** lo que comentan las personas de tu grupo, ni siquiera con tu pareja, ni familiares o amistades muy cercanas.

- No compartas los nombres de las personas en tu grupo, excepto con el liderazgo correspondiente.

- Reporta inmediatamente a tu pastor y en su caso, a las autoridades correspondientes, si existe una situación de riesgo con una persona en tu grupo: que haya peligro de suicidio, una situación reciente o actual de abuso físico o sexual o abuso de medicamentos controlados o ilegales, o cualquier situación que involucre un delito federal.

- Si en algún momento llega a tu conocimiento que está en peligro la integridad física de un miembro de tu grupo, repórtalo inmediatamente.

- Acepta a las personas como son.

- Trata de hacerlos sentirse cómodos.

- No intentes reformarlos, eso lo hará Cristo.

- No hables solo de tu iglesia, el enfoque no es que cambien de iglesia, habla sólo de Cristo.


## *Guía Basada en el Curso 3 de Navegantes Segunda Edición en Español*[1]

- No domines el grupo. Como líder, eres tanto un facilitador como un participante en el grupo. Comparte humildemente y no como un experto.

- No eres la autoridad. Evita convertirte en la autoridad del grupo. Evita que todas las preguntas sean dirigidas hacia a ti.

- Trabajen juntos. Tu función es la de facilitador no de maestro. Deben de trabajar juntos para encontrar las respuestas.

- Agradece las respuestas. Agradece a las personas cuando participen. Agradéceles cuando leen un párrafo o al contestar una pregunta.

- Pregúntale al grupo. Recuerda que diriges a un grupo, no a un individuo. (Una excepción a la regla es cuando te encuentras con una persona extremadamente callada) cuando hagas una pregunta tu mirada debe de recorrer todo el grupo. No debes de fijar tu mirada en una sola persona.

- Utiliza Preguntas de Aplicación. Las preguntas de aplicación deben tener alta prioridad. También debes darles la libertad a las personas de no contestar cuando las respuestas son un poco delicadas. (Las preguntas de aplicación son preguntas que buscan que el grupo demuestre que ha comprendido el tema que se está tratando en el grupo).

## Como manejar a los que hablan demasiado.

En situaciones difíciles tendrás que tomar el control de la discusión y pedir que levanten la mano antes de contestar. Puedes decir el nombre de la persona que quieres que conteste. Algunas veces será necesario hablar a solas con el que habla demasiado, explicándole la importancia de la participación del grupo. Puedes sentarlo cerca de ti y que ayude otros a participar. Esto no solo resolverá el problema de su dominio de la discusión sino que también será más sensible hacia los demás.

## Como volver al tema.

Un reconocimiento a la participación de la persona es importante. Sin embargo nos hemos alejado del tema. Podremos discutir esto más ampliamente después de que terminemos la clase. Presenta una pregunta para dirigir la discusión de regreso al grupo y regresar al tema inicial.

## Como lidiar con preguntas equivocadas.

No le digas tajantemente a una persona que está equivocada. Solo tienes que dirigir la respuesta en forma de pregunta hacia el grupo. Ejemplo: ¿Qué piensan los demás? ¿Alguien más quiere aportar algo en este tema? Puedes volver a formular la pregunta para ayudar a aclarar o que les haga pensar un poquito más. Evita que otros se sientan avergonzados debido a una respuesta incorrecta.

## Como manejar el silencio

No tienes que sentirte incomodo durante las pausas en el estudio. La gente necesita tiempo para pensar en cómo contestar una de tus preguntas más acertadamente. Si hay demasiado silencio podría ser porque tal vez tu pregunta no ha sido demasiado clara y necesitas formular nuevamente la pregunta.

## Como manejar preguntas difíciles

Nunca tengas miedo de decir no sé. Cuando no tengas una respuesta tampoco la tienes que inventar puedes apoyarte en el grupo para poder contestar. No vale la pena que te consideren la persona que lo sabe todo. Si tú siempre tienes la respuesta, tu grupo de discusión se habrá convertido en una catedra.

### Como dirigir un grupo aletargado.

Generalmente el grupo imita la actitud del líder. Si quieres que el grupo esté entusiasmado, debes de mostrarte entusiasmado. Toma en cuenta que la fuente siempre debe de ser El Señor mismo y su palabra.

### Como manejar temas controversiales.

Refrenar preguntas y convicciones sinceras será un limitante para las personas del grupo. Una discusión de estudio bíblico que se caracteriza solo por sonrisas, expresiones piadosas y oraciones bien verbalizadas no será productiva.

Cuando el grupo está seriamente buscando la verdad, te puedes sentir incómodo y hacer a un lado las preguntas difíciles acerca de la vida y depender solo de respuestas artificiales. Debes de tener tolerancia hacia otras opiniones y recuerda que no vale la pena siempre ser el que gana un argumento. La mejor manera de responder con temas controversiales es dirigir al grupo directamente a lo que dice la palabra de Dios y dejar que los principios y mandamientos de la Biblia sean aplicados a la situación. La Palabra de Dios siempre será la autoridad máxima.

# ERRORES COMUNES AL DIRIGIR UN GRUPO

→ Hacer siempre preguntas retóricas, en lugar de preguntas conversacionales.

→ Limitarte a solo hacer preguntas y dirigir. El líder también es un participante.

→ Hacer dos preguntas al mismo tiempo. Asegura de hacer solo una pregunta a la vez.

→ Mantener demasiado control. Si el grupo se emociona con la discusión del tema no te preocupes, solo asegúrate que vaya en la dirección que tú quieres que vaya.

→ No explicar lo que quieres que haga el grupo. Estas a cargo. No titubees al pedirle a alguien que conteste, lea, o que ore.

→ Hacer preguntas que se contestan con sí y no. Estas preguntas limitan y obstaculizan la discusión.

→ Hacer una pregunta compleja. Haz la pregunta de una manera clara y sencilla.

→ Querer imponer tus propias aplicaciones. El Espíritu Santo se encargará de hablar de diferentes maneras y de acuerdo a la necesidad de cada persona a través del mismo estudio.

→ Extender el tiempo de la sesión demasiado.

# APÉNDICE A: PARA SITUACIONES ESPECIALES

Esta información es una guía muy básica para orientar a los líderes de grupos de mujeres en caso de que alguna participante tenga la inquietud de que un miembro de su familia, o ella misma sobre los temas de:

- Suicidio[1]
- Anorexia o Bulimia Nerviosa
- Abuso sexual o físico[1]
- Información legal para denunciar el abuso[2]

El primer punto a recordar como líder es que no eres especialista en estos temas, tu función es ayudar a cada mujer a sanar las heridas emocionales mediante la Palabra de Dios, pero ciertas situaciones requieren de ayuda especializada. Por lo que deberás **reportar cualquier situación en torno al suicidio, anorexia, bulimia o abuso sexual reciente u otros delitos** directamente al pastor.

## ¿QUÉ HACER SI ALGUIEN TIENE TENDENCIAS SUICIDAS?

Esta es información básica para orientar acerca de esta problemática y en caso necesario, hablar sobre el particular con quien corresponda (líder del discipulado, pastor) para que el asunto sea atendido de la mejor forma posible.

1. El primer paso es darse cuenta si la persona corre riesgo de seguir sus sentimientos suicidas. Actuar con delicadeza, pero formular preguntas directas, como las siguientes:

   - ¿Cómo estás afrontando lo que ha estado ocurriendo en tu vida?
   - ¿A veces sientes ganas de darte por vencido?
   - ¿Piensas en la muerte?
   - ¿Piensas en hacerte daño?
   - ¿Piensas en el suicidio?
   - ¿Alguna vez has pensado en el suicidio o has intentado hacerte daño?
   - ¿Pensaste cómo o cuándo lo harías?
   - ¿Tienes acceso a armas u objetos que se puedan utilizar como armas para hacerte daño?

Preguntarle a una persona acerca de pensamientos o sentimientos suicidas no la motivará a tener conductas autodestructivas. De hecho, ofrecer la oportunidad de hablar acerca de los sentimientos puede reducir el riesgo de que siga sus sentimientos suicidas.

## *Busca señales de alerta*

2. No siempre puedes darte cuenta cuándo un ser querido, un amigo o cualquier persona cercana a ti, está pensando en suicidarse. Sin embargo, estos son algunos signos frecuentes que debes tomar en cuenta:

- Hablar acerca del suicidio; por ejemplo, hacer afirmaciones como «voy a matarme», «quisiera estar muerto» o «desearía no haber nacido»
- Obtener los medios para atentar contra tu propia vida, como comprar un arma o almacenar píldoras
- Retraimiento de la vida social y deseo de estar solo
- Tener cambios de humor, como pasar de estar eufórico un día a estar profundamente desalentado al día siguiente
- Preocuparse por la muerte, por el hecho de morir o por la violencia
- Sentir desesperanza o impotencia ante una situación
- Aumentar el consumo de alcohol o de drogas
- Sufrir cambios en la rutina normal, por ejemplo, cambios en la alimentación y en los horarios de sueño
- Hacer cosas riesgosas o autodestructivas, como consumir drogas o conducir con imprudencia
- Regalar sus pertenencias o dejar sus asuntos en orden cuando no existen motivos lógicos para hacerlo
- Despedirse de las personas como si la despedida fuera definitiva
- Desarrollar cambios de personalidad o estar sumamente ansioso o agitado, en particular al experimentar algunos de los signos de advertencia antes indicados

(Nota: Esta información fue tomada de la página de Mayo Clinic.)

*El siguiente enlace podría ser de ayuda a quien requiera mayor información y apoyo en situaciones delicadas o crisis que van más allá del proceso de este discipulado (Adicción, aborto, problemas matrimoniales, sexualidad, suicidio, abuso, etc.): https://www.enfoquealafamilia.com/.

# SIGNOS Y SÍNTOMAS DE ALARMAS DE ANOREXIA Y BULIMIA NERVIOSA

Recurso para las líderes del grupo, en caso de que alguna participante tenga la inquietud de que un miembro de su familia, o ella misma, padezca desórdenes alimenticios.

### *Signos y Síntomas de alarma de Anorexia y Bulimia Nerviosa*

Los **trastornos de la conducta alimentaria (TCA)**, la **anorexia y la bulimia nerviosa**, son patologías que aparecen de manera progresiva, y por este motivo, es importante conocer las **señales de alarma, los signos y síntomas de alarma** con el objetivo de detectarlas y comenzar con el tratamiento lo antes posible.

A continuación se presentan los **signos de alarma** más representativos en la **anorexia y bulimia**:

**El aislamiento de una persona con anorexia o bulimia**

- La persona se va cerrando cada vez más a su círculo de amigos.
- Tendencia a la soledad, la tristeza y la melancolía.
- Aumenta **obsesivamente** las horas de estudio y de otras actividades útiles.

## *Cambiar hábitos en relación a la comida*

- Procuran **no coincidir con la familia** a la hora de comer.
- Muestran gran resistencia a comer cantidades habituales que van disminuyendo progresivamente.
- Se obsesionan en **contar calorías**.
- Aparecen restos de comida en lugares inusuales.
- Empiezan a querer cocinar el menú de la familia y/o cocinar su comida.
- Beben mucha agua antes de realizar las ingestas.
- Cortan los alimentos en mil trocitos.
- Comienzan **dietas de adelgazamiento sin necesidad** o sin control de especialista.
- Eliminan alimentos que anteriormente estaban en su repertorio alimentario.
- Se realizan **visitas constantes el baño** después de las ingestas.
- Empieza a faltar comida en casa.

## *Aumentar la actividad y ejercicio físico*

- Aumentan de manera excesiva el ejercicio físico con la **única intención de perder** peso
- No paran de moverse a lo largo del día realizando múltiples actividades.

## Quejas sobre la apariencia

- Muestran desconfianza e insatisfacción respecto a sí mismos si no tienen el cuerpo perfecto.
- Castiga a su cuerpo sintiéndose mal con este.
- Excesiva sumisión a los mensajes de los medios de comunicación en relación al peso, figura y dieta.
- Comparaciones constantes con el **aspecto físico** de otras personas.
- Se pesan y/ o miran al espejo con frecuencia de forma obsesiva.

## Cambios de humor

- Presentan cambios llamativos en el estado de ánimo. Las personas que las conocen las describen raras, distintas, como si no fueran las de siempre.
- Impulsividad, no piensan las cosas antes de actuar.
- Sumisión y/o irritación cuando los demás no hacen lo que él/ella quiere.
- Preocupación por la probabilidad de fracasar.
- Inseguridad respecto a su futuro personal.

## Primeros síntomas físicos de anorexia o bulimia nerviosa

- Pérdida de peso sin enfermedad o trastorno previo.
- Amenorrea inexplicable.

Referencias:

https://www.clinicacta.com/la-anorexia-y-la-bulimia-nerviosa/

# ¿QUÉ HACER EN CASO DE ABUSO SEXUAL?

Recurso para las líderes del grupo, en caso de que alguna participante tenga la inquietud de que un miembro de su familia esté siendo abusado.

## ¿Qué tipo de actitudes y conductas pueden ser indicios de que un menor esté sufriendo abuso?

Tomar en consideración que los menores pueden ser víctimas de abuso en cualquier lugar: escuela; espacios deportivos, recreativos y religiosos; casas de amigos o compañeros e incluso en su propio hogar.

En el caso de niños pequeños, menores de 8 años, estas son algunas características físicas y psicológicas que nunca deben pasarse por alto:

- Síntomas de ansiedad como pesadillas repetitivas, alteraciones del sueño, distracción o ensimismamiento, cambio en los patrones alimenticios o desgano, no poder tragar y cambios repentinos de ánimo.

- o Interés súbito en temas sexuales: conductas autoestimulatorias, juegos de características sexuales o dibujos, preguntas de índole sexual.
- o Nuevos temores: miedo a lugares o personas que antes no presentaban, no querer quedarse con algún adulto o cuidador.
- o Es importante revisar su cuerpo frecuentemente: identificar cualquier anormalidad en las zonas íntimas como enrojecimiento, inflamación, infecciones urinarias repetitivas y flujo.

En cuanto a los adolescentes víctimas de abuso sexual pueden presentar los siguientes síntomas:

Episodios de depresión, autolesionarse, descuidar sus estudios y su aspecto personal, hablar de muerte o suicidio. Además, pueden presentar desórdenes alimenticios, abuso de licor y/o de drogas, promiscuidad y temores repentinos como quedarse solos con alguien o en algún lugar específico.

Asimismo, en caso de que una participante mencione que ha sido o está siendo abusada ¿qué podrías hacer?

Escuchar con atención y empatía, sin dar consejos. Orar por y con ella. Hablar con la líder que coordina el discipulado para que la situación sea turnada y atendida por quien corresponda, el pastor o algún especialista.

*Busqué a Jehová, y él me oyó, y me libró de todos mis temores. Los que miraron a él fueron alumbrados, y sus rostros no fueron avergonzados. (Salmos 34:4–5)*

**Instituciones públicas y privadas que dan asistencia en caso de violencia o abuso.**

**INMUJERES**. Instituto Nacional de las mujeres.
Instituto de la mujer para el Estado de Morelos.
Línea de las mujeres 01 800 911 15 15

**FUNDACIÓN ORIGEN**
Línea Pro Ayuda a la Mujer
Tel. 01800 01 51 617

**CAVI Centro de Atención a la Violencia Intrafamiliar**
Apoyo legal y psicológico
Tel.: 5345 5248 y 5345 5249

**VICTIMATEL**
Apoyo legal y psicológico a víctimas de delitos sexuales
Tel. 55755461

**FORTALEZA I.A.P.**
Centro de Atención Integral a la Mujer
Tels. 2621 3285 y 26213286

# RECURSOS LEGALES[2]

## *¿Cuándo es necesario intervenir legalmente y qué se debe hacer?*

El enfoque de este manual será siempre el sanar heridas emocionales nuevas y antiguas mediante el poder de la Biblia y la obra milagrosa de Dios en cada vida. Sin embargo, en ocasiones es necesario también intervenir de forma legal para detener a la parte agresora y que no continúe destruyendo más vidas.

La ley en México es muy clara: cada persona que llegue al conocimiento de un delito como maltrato o abuso sexual que tenga el conocimiento pleno y pruebas tangibles tiene la obligación de denunciarlo o de otra forma se convierte en partícipe del delito. A continuación, ofrecemos información legal para informarse y orar antes de proceder con cada caso en su iglesia porque se requiere de mucha sabiduría para tratar con situaciones de este tipo que desintegran a las familias.

### Lo que le corresponde a la iglesia.

Las mujeres que dirigen grupos tienen el deber de mantener confidencial todo lo que comparten las mujeres en cada grupo, sin embargo, cuando llega a su conocimiento una situación de maltrato, abuso sexual o algún delito deberá:

> * Investigar los hechos
> * Reportarlo directamente a su pastor
> * Proceder y ocuparse en todos los sentidos legales y espirituales
> * Asesorarse por un abogado con experiencia en víctimas de violencia
> *Crear una coordinación Nacional gratuita para tales efectos

### Lo que le corresponde a la víctima.

Las estadísticas de abuso sexual o maltrato indican que estas tragedias suceden en gran parte dentro del círculo familiar, y no fuera, con extraños. Esto significa que, al denunciar un delito, la víctima cargará con el dolor de la desintegración familiar (aunque la familia ya estaba fracturada) y en muchas ocasiones vivirá el rechazo o la negación de su madre, porque un familiar deberá ir a la cárcel. Aunado a esto, la víctima deberá revivir su trauma mediante declaraciones detalladas, exámenes físicos y careos. La víctima que decida denunciar necesitará de mucho respaldo de la iglesia, y el fortalecerse en Cristo, e incluso un lugar nuevo para vivir. Esta es una decisión de gran peso y las opciones que tiene son las siguientes:

*Protocolo De Atención Para La Mujeres Víctimas De Violencia En Sus Diferentes*

## Manifestaciones

Su contenido incluye acciones de carácter general, basado en estándares y buenas prácticas internacionales, y contempla pautas para la intervención diferenciada en los casos de violencia psicológica, física, sexual y económica, de mujeres, niños, niñas, adolescentes y mujeres adultas mayores.

*Imagen Inmujeres[3]. Tomada de gob.mx/inmujeres.*

La aplicación del protocolo coadyuva a garantizar el ejercicio de los derechos de las mujeres, a través de un abordaje integral con directrices específicas y uniformes, que ordena los procesos de actuación en las distintas disciplinas de atención, teniendo en cuenta las necesidades y requerimientos de las personas usuarias, sin distinción de edad, etnia, clase social, religión o preferencia sexual.

## Fundamentos normativos en al ámbito nacional, principalmente los siguientes:

- Constitución Política de los Estados Unidos Mexicanos
- Ley de Amparo
- Código Penal Federal
- Código Nacional de Procedimientos Penales

- Ley Federal para prevenir y Erradicar la Discriminación
- Ley General para la Igualdad entre Mujeres y Hombres
- Ley General de Acceso de las Mujeres a una Vida Libre de Violencia
- Reglamento de la Ley General de Acceso de las Mujeres a una Vida Libre de Violencia
- Ley para Prevenir y Sancionar la Trata de Personas
- Reglamento de la Ley para Prevenir y Sancionar la Trata de Personas
- Ley General de los Derechos de Niñas, Niños y Adolescentes

## *Ámbito internacional:*

- Declaración Universal de Derechos Humanos
- Convención Americana de Derechos Humanos
- Pacto Internacional de Derechos Económicos, Sociales y Culturales
- Pacto Internacional de Derechos Civiles y Políticos
- Convención Internacional sobre la Eliminación de todas las Formas de    Discriminación Racial
- Convención sobre los Derechos de las Personas con Discapacidad
- Convención sobre los Derechos del Niño
- Declaración de las Naciones Unidas sobre los Derechos de los Pueblos Indígenas.
- Declaración de los Derechos de las Personas con Discapacidad.
- Declaración sobre los Derechos de las Personas Pertenecientes a Minorías Nacionales o Étnicas, Religiosas y Lingüísticas

Como obligación general antes y después de cada una de las diferentes audiencias que se describen, es indispensable asesorar a la víctima en cuanto a la importancia de su participación, de sus obligaciones y derechos que tiene tanto como querellante adhesiva o como agraviada, según sea el caso, las actividades que se desarrollarán, el resultado de las mismas y las opciones que se tienen en cada momento procesal, en este momento ya se debieron considerar y atender obstáculos que se presenten para la comunicación de la usuaria.

*I) Ámbito cuantitativo:* dependiendo de la conducta que se juzga y denunciada por la víctima, el abogado o abogada deberá verificar que existe una determinada cantidad de pruebas, una especie de **lista mínima para verificar** en la que no podrían de ninguna manera omitirse la presentación de una sola de ellas.

*II) Ámbito cualitativo:* Se requiere, además, que esta prueba sea eficiente en su ámbito cualitativo, esto es, que la misma sea la adecuada y pertinente para influir en la decisión del juzgador no basta la cantidad de la prueba sino la calidad de ellas y en este aspecto tiene un papel importante el abogado(a) de la víctima al ser el primer filtro fiscalizador de eficacia. Sabemos que el exceso de trabajo del ente encargado de la persecución penal (u otras razones) no le permite en una gran cantidad de casos ser lo suficientemente eficaz en la recopilación y aporte de prueba de calidad, por ello, es más que imprescindible la función fiscalizadora de abogados y abogadas de la defensa en su papel de asesoría a la víctima/querellante adhesiva, que implica verificar estrictamente que la prueba aportada sea la apropiada en sus aspectos cuantitativo, cualitativo y de legalidad. El ejemplo más importante para resaltar es la verificación del peritaje psicológico que haya sido ofrecido en tiempo, que haya sido realizado el discernimiento del cargo, que se presente en tiempo, etc. Es indispensable tomar en consideración algunos aspectos relevantes como: la dependencia emocional, económica, y de otros tipos, así como la secuela que ha dejado el delito, el tiempo que dura el proceso, círculo de violencia y sobre todo la fase de reconciliación en la que la víctima puede ser nuevamente convencida e insertada nuevamente en el círculo, por ello debe siempre proponerse en los términos que la ley procesal establece la posibilidad de su presentar su **declaración o denuncia** ante las autoridades competentes para la investigación de los hechos cometidos violentando los derechos humanos de la víctima.

*III) Ámbito legal:* Implica además que la prueba sea aportada de acuerdo con los principios establecidos en el Código Nacional de Procedimientos Penales, para desahogar las normas jurídicas en la investigación, el procesamiento y la sanción de los delitos, para esclarecer los hechos, proteger al inocente, procurar que el culpable no quede impune y que se repare el daño, y así contribuir a asegurar el acceso a la justicia en la aplicación del derecho y resolver el conflicto que surja con motivo de la comisión del delito, en un marco de respeto a los derechos humanos. En **todo procedimiento penal se respetará el derecho a la intimidad** de cualquier persona que intervenga en él, asimismo se protegerá la información que se refiere a la vida privada y los datos personales.

*Así las cosas, en el delito analizado Violencia Contra la Mujer en su manifestación Física, deberían existir como mínimo las siguientes pruebas:*

1. Acta de matrimonio (si existía este vínculo) o declaraciones testimoniales que acreditaran la relación en otros supuestos. Si se trata de violencia, en el ámbito público, identificar la forma en que nace la relación.

2. Actas de nacimiento de hijos en común. (si existieran).

3. Documentación oficial que identifique a la víctima y al agresor.

4. Declaración de la Víctima. En la que se aprecie la forma en que se manifestaron los círculos de violencia.

5. Documentos que acrediten medidas de seguridad previa (si existieran).

6. Declaración de los agentes del ministerio público.

7. Declaración de padres de la víctima u otros familiares, compañeros de trabajo, amigos cercanos que conocen la relación.

8. Declaraciones que acrediten las relaciones desiguales de poder o la violencia anterior. En el presente caso inclusive pueden existir documentos, cuando se trata de un caso del ámbito público.

9. Evaluación Médico forense, del daño, lesión producida por la violencia ejercida.

10. Declaraciones que acrediten los aspectos particulares del delito incluidos en la narración de la denuncia.

## *Atención de Niñas, Niños y Adolescentes Víctimas de Violencia Sexual*

En relación con el modelo de atención se aplica todo lo establecido en la parte general y como actuación específica por la condición y la edad de las víctimas en el presente caso, se atenderán las consideraciones siguientes:

Por su edad las niñas, niños y adolescentes, su estado de madures emocional y física, es diferente a la de una persona adulta, en consecuencia, como se ha mencionado, se deben tomar todas las consideraciones pertinentes para documentar y cuidar de todo aquello que servirá como material probatorio en el caso.

Es responsabilidad del o la profesional que brinda la asistencia, conocer de las particularidades que niño, niña o adolescente manifiestan cuando narran un hecho delictivo, además de velar porque se inicie el proceso de protección que corresponde.

Cualquier forma de violencia sexual contra las niñas y los niños es un problema social que tienen consecuencias en su vida, en su entorno y en todos y cada uno de los contextos en que la niña o niño se desarrolla. De ahí que los ámbitos que deben intervenir en la protección contra este tipo de violencia incluyen la familia, los ámbitos educativo, sanitario, policial, legislativo y de políticas públicas.

**1.** Como consideraciones especiales hay que atender que, las niñas, niños y adolescentes, que no pueden ser presentados por sí mismas, sin contar con la representación legal que les corresponde, y en su ausencia con la que el Estado les asigna, por lo que siempre requieren de otras personas para realizar actividades legales. Debe hacerse el análisis respectivo, para adecuar plenamente el ilícito que se comete, ya que, del Código Penal Federal establece que comete el delito de abuso sexual contra personas menores de edad "A quien abuse sexualmente a una persona menor de quince años de edad o en persona que no tenga la capacidad de comprender el significado del hecho, aun con su consentimiento, o que por cualquier causa no pueda resistirlo o la obligue a ejecutarlo en sí o en otra persona".

**2**. Además se dice que obra a traición, el que no solamente emplea la alevosía sino también la perfidia, violando la fe o seguridad que expresamente había prometido a su víctima, o la tácita que ésta debía prometerse de aquel por sus relaciones de parentesco, gratitud, amistad o cualquiera otra que inspire confianza.

**3**. Por último, establece como delito de pederastía el Código Penal Federal, quien se aproveche de la confianza, subordinación o superioridad que tiene sobre un menor de dieciocho años, derivada de su parentesco en cualquier grado, tutela, curatela, guarda o custodia, relación docente, religiosa, laboral, médica, cultural, doméstica o de cualquier índole y ejecute, obligue, induzca o convenza a ejecutar cualquier acto sexual, con o sin su consentimiento.

### Lo que le corresponde a la familia y los testigos.

Es muy común que al ocurrir un delito grave como abuso sexual o violación en una familia donde el agresor es consanguíneo que la cabeza de la familia buscará evitar la desintegración de la familia y el encarcelamiento de un familiar. Es una situación terrible donde el agresor vivirá situaciones espantosas en la cárcel por el tipo de delito que cometió, y la víctima habrá obtenido justicia sin tal vez haber tenido sanidad. El enfoque deberá ser siempre en lo que es mejor para la víctima, y su sanidad por encima de cualquier deseo de la familia. El pecado cometido contra la víctima es irreversible, y el perdón que ella otorgue no necesariamente exime de juicio. Es una situación complicada que requerirá de sabiduría de lo alto para tomar decisiones difíciles. Dios puede sanar familias totalmente destrozadas por el pecado, y no hay herida que Él no pueda cerrar y curar. Lo que la familia deberá pesar en oración son las siguientes opciones:

En el caso muy concreto es sumamente importante que la iglesia en lo general y en lo particular los afectados se instituya un tiempo perentorio en ayuno y oración para poner en manos de Dios estos asuntos tan delicados, como lo dice en Jueces 20:26 después de los hechos tan sangrientos y mujer víctima de violencia, acordaron en poner en manos de Dios este asunto Y *²⁶ Entonces subieron todos los hijos de Israel, y todo el pueblo, y vinieron a la casa de Dios; y lloraron, y se sentaron allí en presencia de Jehová, y ayunaron aquel día hasta la noche; y ofrecieron holocaustos y ofrendas de paz delante de Jehová.*

*Atención para Violencia contra Mujeres en las siguientes Instituciones:*

1. Instituto Nacional de las Mujeres (INMUJERES)
   Teléfonos: 911 y 55 5322 60 30
   Redes Sociales: Facebook y Twitter
   https://www.gob.mx/inmujeres
2. Comisión Nacional para Prevenir y Erradicar la Violencia contra las Mujeres (CONAVIM)
   Teléfonos: 55 52 09 89 02 y 55 52 09 89 07
   Redes Sociales: Facebook y Twitter
   https://www.gob.mx/conavim
3. Consejo Nacional para Prevenir la Discriminación (CONAPRED)
   Teléfono: 800 543 00 33, extensiones 5418, 5419, 5421, 5423 y 5442
   Redes Sociales: Facebook y Twitter
   http://www.conapred.org.mx
4. Comisión Nacional de los Derechos Humanos (CNDH)
   Teléfono: 56 81 81 24 01
   Redes Sociales: Facebook y Twitter
   https://www.cndh.org.mx
5. Comisión Ejecutiva de Atención a Víctimas (CEAV)
   Teléfono: 55 10 00 20 00
   Redes Sociales: Facebook y Twitter
   https://www.gob.mx/ceav
6. Red Nacional de Refugios
   Teléfonos: 55 56 74 96 95, 55 52 43 64 32 y 800 822 44 60
   Redes Sociales: Facebook y Twitter
   https://rednacionalderefugios.org.mx
7. Red Intercultural de Refugios
   Teléfono: 800 836 88 80
   Redes Sociales: Facebook y Twitter
   https://www.facebook.com/REDINTERCULTURALDEREFUGIOS/

*Atención para Violencia contra Menores en las siguientes Instituciones:*

1. Sistema de Protección Integral de los Derechos de las Niños, Niños y Adolescentes (SIPINNA)
   Teléfono: 55 57 28 73 00
   Redes Sociales: Facebook y Twitter
   https://www.gob.mx/sipinna
2. UNICEF MÉXICO
   Teléfonos: 800 841 88 88 o WhatsApp 55 79 29 89 70
   Redes Sociales: Facebook y Twitter
   https://unicef.org.mx
3. Sistema Nacional para el Desarrollo Integral de la Familia (SNDIF)
   Teléfono: 30032200
   Redes Sociales: Facebook y Twitter
   https://www.gob.mx/difnacional
4. Y Quién Habla Por Mí, A.C.
   Teléfono: 55 51 30 55 55
   Redes Sociales: Facebook y Twitter
   https://movimientodeaccionsocial.org.mx/organizaciones-mas/y-quien-habla-por-mi-ac
5. Fundación Camino a Casa

Teléfonos: 55 56 66 97 02 ó 55 50 90 06 20

Redes Sociales: Facebook y Twitter

http://fundacioncaminoacasa.org

6. Infancia Común, A.C.

Teléfono: 55 5511 8816

Redes Sociales: Facebook y Twitter

https://eldiadespues.mx/organiza cion/infancia-comun-ac/

7. Fundación Infantia

Teléfono: 55 5574 2060

Redes Sociales: Facebook y Twitter

https://www.infantia.mx

8. El Caracol, A.C.

Teléfono: 55 57 68 12 04

Redes Sociales: Facebook y Twitter

https://elcaracol.org.mx

9. Save the Children, México

Teléfono: 800 872 7692

Redes Sociales: Facebook y Twitter

https://www.savethechildren.mx

## *Razón Y Conocimiento De La Importancia Que Hay En La Defensa Legal Y Social*

Primeramente, es considerar a las partes ofendidas por estos actos de violencia, el cómo los puedo considerar;

1. Orando y suplicando que nuestro Dios y Salvador Jesucristo derrame su Santo Espíritu en la Víctima para que Él se ocupe de restáurale su alma y su corazón al 100%.

2. Que las personas alrededor de las familias involucradas sean prudentes y no permitir ningún aspecto de acusación y menos de justificación de los hechos de la víctima.

3. Guardar toda cautela en el conocimiento y los avances del estado legal y procedimientos penales con la gente en lo general y particular.

4. Buscar con toda sabiduría e inteligencia el cómo se hable en forma particular y en lo general con la víctima.

5. Y por último orar por el agresor o agresores para que nuestro Dios y Salvador Jesucristo opere un milagro de salvación en sus almas, independientemente de su sentencia Judicial.

*Estando convencido de que para Dios no hay nada imposible y que todo está en su control en cualquier asunto real y tangible, y por todo se haga para la Gloria y Honra de nuestro Dios y Salvador Jesucristo.*

*~ José Miguel Castillo Castilla*

## Cómo perdonar lo imperdonable

Este manual para mujeres te llevará, a través de las verdades bíblicas, a comprender el profundo daño que causa la falta de perdón y cómo las heridas pueden mantenerte atada al pasado.

La respuesta está en Cristo. No hay herida que Él no pueda sanar, desde el dolor de la traición, y el divorcio hasta la pérdida de los seres amados.

Dios conoce tu dolor y desea sanarte.

"Tienes en tus manos lo que ha sido plasmado después de años de tratar con las realidades del dolor en las relaciones humanas, a la luz de las Sagradas Escrituras. He visto y comprobado personalmente no sólo la integridad bíblica de los conceptos y consejos, sino también su eficacia en gran diversidad de personas y casos.

Con gran satisfacción recomiendo y encomiendo el estudio y la aplicación **De Cenizas a Esplendor.**"

*~Jaime Foote, pastor principal de*
*Semilla de Mostaza Cuernavaca*

© 2021 Semilla Comunicaciones A.C.
ISBN 978-0-578-31557-7

**SEMILLA CUERNA**

ISBN 9780578315577

90000

9 780578 315577